JN220275

私たちの
まちの園になる
－ 地域と共にある園をつくる －

秋田喜代美 （東京大学大学院）
松本理寿輝 （まちの保育園 代表）
まちの保育園

はじめに

子ども・子育て支援新制度が平成27年4月に始まりました。基礎自治体といわれる市区町村の役割が、さらに重視されるようになりました。改めて、地域の自治体だけではなく、地域における園の姿が問われています。「地域子育て支援」「地域のニーズや実情に応じた保育」「地域のお年寄りや様々な人との交流」などの語が大切な鍵になっています。

日本は少子高齢化や震災に直面し、皆で地方創生を考えることが必要です。国際的には課題大国と呼ばれる日本の状況の中で、「保育の場である園」こそが地域で人が生き、育つ希望を生み出し、未来をつくり出す社会的イノベーションの拠点になると私は考えています。園が地域になくなることで親が移動し世帯が移転し、過疎が進み消えていくむらもあります。その一方で、空いている園に子どもをともかくあずけるために、暮らしの場と園が分断される状況も起きています。「地域」に園があるということの意味や価値が改めて問われているのです。行政に所管されている空間としての地域ではなく、「私たちのまち」「おらがむら」であるからこそ、新たな価値やイノベーションが生まれる場になると私は考えています。

* * *

私たちは同じ地域に住んでいても、そこでの家族や子どもたちとは接点がなく、顔を知らない者同士です。本書『私たちのまちの園になる』というタイトルの「私たち」には、「子ども・保育者・保護者」はもちろんのこと、その「まち」や「む

ら」に住んでいる人々にとっても意味のある園になるという願いが込められており、その姿が描出されています。

また、私たちの「まちの園である」ではなく、「まちの園になる」には、まちに暮らす人々が集い交わり合っていくことにより、「園になっていく（becoming）」プロセスを考える本という願いが込められ、このタイトルが生まれました。「まち」には、匿名の人ではなく互いに顔がわかる関係が生まれ、園やまちへの愛着、そのまちの文化を受け継ぎ、新たな文化を生み出し、そこに誇りや慈しみが生まれるようなセンターに園がなっていくという意味を込めています。ある時点で地域に住む人が来て交流するという「点」での出会いから継続することで「線」に、そしてさらに様々な人々が幾重にもかかわり合いながら、「面や立体」へと出会いの渦や参画の輪が広がっていくことで、コミュニティができていく。本書はこの姿を考えるコンセプトブックです。まちの保育園の松本先生とは、レッジョ・エミリア（イタリア）の哲学と実践に互いに心動かされ、展望をもったという同志的出会いから始まっています。しかしこの本は、レッジョ・エミリア・アプローチの解説書でもノウハウ本でもありません。「まちの園になる」ことを試みている「まちの保育園」の哲学と実践に学び、日本のこれからの保育のありようを考えるという視点で編まれることになりました。

* * *

園のありようを新たに考えてみる時に、

園にどのような空間をデザインするのか、どのような人の組織を考えるのか、どのような実践がその場で営まれるのかの3点が保育イノベーションの柱になります。その象徴がまちの保育園では「まちの間」や隣接するカフェ、本とサンドイッチのお店などになって、空間がデザインされています。コミュニティコーディネーターの存在や、探究活動を保育の中心に据えていることも、その表れと言えるでしょう。地域子育て支援のための空間や事務を担う人の存在、また日々の設定活動ではなく、その意味を問い直していくことで新たな保育の姿の模索が進められています。それが、本書の第1・2・3章で描かれています。

そこでは、同じ理念をもちつつも異なるまちの中にある3つの園が、それぞれのまちの特色や文化を活かして保育をしている姿が描き出されています。しかも、この3園だけではなく、同じような展望をもった園は今いろいろなところにあり、皆が園の新たなありようを模索しています。そうした志をもった人が経験の知恵を語り、よりイメージをふくらませていくことが開かれた園の姿につながるのではないでしょうか。そこで第4章では、そのような園長先生たちと対話をするという意味で、座談会を行いました。「まちや地域と共にある園とはどのような園か」を、齋藤園長先生、妹尾園長先生と共に考え、語り合います。

また、まちの保育園では、園が子どもたち、保育にかかわる人が共に育つ場で

あると共に、親も地域の大人たちも共に育つ場になっています。第5章では、そのことの意味を、子育ち・子育てや、親が親として育つことの研究の専門家である遠藤利彦先生と共に考えました。

* * *

保育の量的拡大が言われる一方で保育にかかわる人たちも保護者も、皆が子どもの健やかな育ちのために保育の質の大切さを考えたいと思っています。そのためにはエビデンスを示すということが大事になります。しかしそれだけでは語りつくせないのが、いかに地域の中で園が意味をもち、また文化を形成しているのかという文化的な側面でしょう。
社会の豊かさのためには、社会的な絆や文化的な楽しみが必要です。園の文化が、子どもの文化をつくり、そして園がまちをつくる——まちの園になるというのは、そのような社会文化的な側面の豊かさの創出ではないでしょうか。それが、希望を生み出していくのだと思います。

本書を読みながら、うちの園でもこんなことがある、こうした出会いがあるということをぜひ想起してみてください。そして、それらを語り合いながら、「あともう一歩」とか「もっとこんなことができそう」というアイデアを、各園の中で、また園を超えたネットワークの中で創出していただけたらと思います。まちの保育園の保育、子どもたちや保育者の声、保護者の声にふれて、またそれぞれのまちやむらで新たな園の試みが生まれていくことを期待しています。（秋田喜代美）

もくじ

第1章
暮らしの場を
デザインする
―ロケーション・室内環境―

子どもが日々暮らしている園の周辺と「室内・物的環境」を紹介します。園内には、地域と園をつなぐために新たな意味をもたせた空間デザインが見られます。園周辺の様子や、園内での生活の様子などとあわせて、園が醸し出す雰囲気がわかります。

1 地域とその特徴

まちの保育園は、東京都内に3園（小竹向原・練馬区、六本木・港区、吉祥寺・武蔵野市）を構えていますが、それぞれ周辺環境が大きく異なります。まず、園がある「地域」の特徴を紹介します。

閑静な住宅街によく合う園舎外観。前面の棟の左側はカフェ「まちのパーラー」、その奥に園舎と園庭があります

まちの保育園 小竹向原
園児定員80人

練馬区 （東京都）

小竹向原の園は住宅街の中にあります。近隣には武蔵野音楽大学、日本大学芸術学部、武蔵大学と3つの大学がキャンパスを構え、音大や芸術学部があるためアーティストも多く住んでいる町です。クリエイティブ系の仕事をしている保護者も少なくありません。

徒歩10分圏内に3路線の3駅があり、最も近い地下鉄・小竹向原駅は池袋駅から電車で5分前後。都心からもアクセス良好な地域にありつつも閑静な環境も有しています。

まちの保育園 六本木
園児定員70人

港区 （東京都）

　六本木の園は高いビルのまちにあって、子どものオアシスのようなスペースになっており、大規模再開発で生まれた新しいまちにあります。周囲には緑も多く、子どもにもやさしい環境です。大都会にありながらもとても穏やかな空気が流れています。日本で大使館が最も多い地域であり、また日本初の私立美術館「大倉集古館」などもあって、国際的で文化的なエリアでもあります。

六本木とは言いますが、意外にも多くの緑とスペースが。園前でもこうして遊ぶことができます

まちの保育園 吉祥寺
園児定員60人

武蔵野市 （東京都）

　園は住宅街の中にありますが、近くの吉祥寺駅付近は活気のある商業地でもあります。住宅街と商業地の中間的な特性のエリアです。「住みたい街ランキング」では5年連続トップ（2015年まで）、緑が深く広大な井の頭公園も近く、生活しやすい環境です。「もう一度子どもの声が聞こえる環境にしたい」「地域に貢献したい」という思いで、地主の方がまちの保育園に声をかけてくれました。

人気の吉祥寺、井の頭公園そばという人もうらやむ好立地。繁華街も近いですが、左奥に写るのは小学校。園は住宅街にあります

2 子どもたちの1日

小竹向原園を例に、子どもたちの生活風景を見てみましょう。

学びの資源は地域にも

これからの子どもたちはどんな社会で生きていくのか。今の子どもたちの65％は、現在は存在しない職業に就くだろうとも言われています。社会も価値観も多様化するということです。そうした中で教育はどうあるべきか。獲得した知識の量や仕事のスピードよりも、自ら考え価値を見出す力、他者と豊かにかかわる力、創造力などを求められる時代がくるでしょう。いわゆる社会情動的スキル、非認知的スキルもそうです。

ですから、知識の獲得以上に、学習の技能や態度、その知識をどう活用するかが大切になってきます。

0〜6歳の乳幼児期には、実体験や、信頼感・安心できる人との出会いが大切だと言われます。というのも、小学校以降は心理的・行動的パターンは変容しづらく、学ぶ姿勢は乳幼児期に身に付きます。つまり、乳幼児期に、何とどのように向き合うかが大切だと思うのです。

子どもたちにはあらゆる実体験や、よりよい出会いをしてもらいたい。それら

の機会を得るための資源は、園の中にとどまらず、地域全体に求めていこうという理念のもと、まちの保育園は活動しています。

子どもたちの心がいかに動くか、夢中になって遊び込む場面をどうつくるか。その工夫として、何がしたいかを自分たちで考え、探究していく環境を整えています。

子どもたちが自ら選べるようにいろいろなコーナーを設け、どこで何ができるかを子どもたちがわかっています。地域についても、どこにどんな人が住んでいて、どんな施設があるか、活かせる資源を子どもたち自身で学んでいます。

今まさに夢中になっていることに没頭できるよう時間も存分に。保育時間のすべてを「探索・探究の時間」と捉えています。時間割はありません。運動会や発表会など、準備にとても多くの時間が必要とされる行事もやりません。子どもたちが何かに夢中になっている時に、その瞬間を大切にしたいからです。

（解説・話／松本理寿輝）

🕐 09:00〜

ピアノが鳴ったら
1日の始まり

登園時間は家庭により異なりますが、朝9時からを「コアな時間」に設定。ピアノが鳴り始め、歌の時間になります。みんなで声を合わせて発声よく、ではありません。歌いたくない子は歌わなくてもよいのです。それまでの遊びをそのまま続けることも

➖ 09:15〜

年齢ごとに「朝の会」

「お散歩で見る亀が大きくなっていました」「今日は早お迎えです」など、子どもの発表の時間があります。話すことに慣れ、みんなはそれをきちんと聴く。その後に「今日は何をしたいか」を話し合います。ちなみに発表したくない子はしなくてもかまいません

🕤 09:30〜

自ら選んで午前中の活動

朝の会で子どもが自分で選んだ活動ごとに、小グループに分かれて活動を始めます。この時、他の子と共に学びをシェアしながら活動できると、より学びは深まりやすくなります

いろいろな素材を使って制作遊びを行います

雨の日は雨の日なりの園庭遊び

虫に興味をもっている子どもたち。カブトムシの細部まで見ながら描きます

積み木の活動に取り組めるコーナー

思い思いの遊びを見付けて楽しむ子どもたち

① 11:30~

「昼の会」で学びをシェア

午前中の活動で楽しかったこと、困ったこと、協力してほしいことなどをクラスのみんなに話します。次の取り組みにつながったり、他の子の活動、学びを知る機会になったりします。保育者も活動を把握して、これからの保育につなげます

① 12:00~

ランチ

基本の量は決まっていて、それを自分で食べられる量に調整しています。取った分はできるだけ残さず食べることにしています。食に対して配慮が必要な子は保育者が配慮していますが、配膳や座る席も含めて、なるべく子どもたちに任せています

3 子どもたちを取り巻く環境

それぞれの地域特性に合わせ、各園には園と地域をつなげる場所があります。新たな意味を生み出す空間デザインが多いのがポイントです。

① コミュニティスペース

園の中にあって、地域に向けて開放された場所。
園と地域のかかわり方が見えてきます。

まちの保育園には特別な場所があります。「コミュニティスペース」と呼ばれ、園内にありながら、地域の人たちが気軽に集うことのできるスペースです。ここを拠点に、各園がユニークな活動を展開しています。

小竹向原園では音楽会や図書館とのイベント、大学との交流、六本木園では緑豊かなガーデンをみんなで"開墾"、吉祥寺園ではパパ会・ママ会にサークル的な子育てひろばなど。
居心地のよさそうな空間です。

小竹向原園「まちの間」は、保育室とは少し異なる趣の特別な空間。ソファーや本格的なピアノも備えます

①②子どもたちの発案で作品などを展示するスペースにも。この日は様々な色に塗られたいろいろな形の石を展示して、「石の美術館」を　③園の玄関では、保護者主催の「まちのおちゃのま」も。無料開放です

小竹向原園「まちの間」
地域の方と、子どもたちの特別なスペース

　子どもたちの生活の落ち着きと、セキュリティは確保したい。しかし、地域のどなたにでも園に来ていただきたい。そのためにカフェがあるのですが、一般的に営業しているカフェでは、小さなイベント等での貸し切りは難しい。そこで、園舎増築の際に「まちの間」を設けました。

　町会の方が広報誌作成に利用、図書館と共催で絵本作家が地域の子育て家庭向けに講演、親子向けに近隣にお住まいのオペラ歌手の方と一緒に音楽会、パパ会・ママ会など、多彩なイベントに使われています。将来的には、卒園生を始め、小学生にも利用してもらいたいと考えています。園児による作品展など、特別な場として園も使っています。

（解説・話／松本理寿輝）

①大きな砂場には山砂を入れました。泥団子もつくれます　②高層ビルがこんなに近くに　③大都会・六本木でビルの谷間にみんなでつくった緑の園　④みんなでミニトマトを収穫しました

吉祥寺園「カフェ (通称)」
お母さんたちの輪がじんわりと広がった

　このスペースは小竹向原園の「まちの間」と同じように、子どもたちの活動する場として、また保護者のパパ会・ママ会、そして地域の「子育てひろば」などにも利用されています。

　子育てひろばは、あえて8人定員の少数で、隔週全4回としています。繰り返し集まることで、徐々に関係が深まり、子育ての仲間づくりにつながっていきます。

　年に4期開催します。すでに受講を終えた"卒業生"がひろばを手伝いに来てくれるなど、地域のお母さんたちの輪がじんわりと広がる場になっています。

①まだ名前はありません。みんなは「カフェ」と呼ぶコミュニティスペースです
②「子育てひろば」はサークルのような雰囲気。"卒業生"の輪が広がります

　ここにはライブラリー機能をもたせて、まずは絵本、将来的にはおもちゃの貸し出しを始めていきたいと考えています。

（解説・話／松本理寿輝）

六本木園「まちのガーデン」
コミュニティとの対話で庭づくり

　園の周りには、緑もきれいな花壇も多いのですが、もっと自由に子どもたちが自然とかかわれるような場がほしい。草花をつんだり、泥んこの感触を存分に楽しんだり。そこで、地域の子どもや大人を含め、皆がつながり合えたら素敵だね——それが「まちのガーデン」の始まりでした。園の向かいに約180㎡の未利用地があって、貸してもらえることに。

　ガーデンを地域と園とでつくっていくためにはどうすれば？　皆で対話しながら進め、砂場と畑がほしいとの意見を取り入れて、保護者たちを中心に4か月くらいかけて"開墾"しました。このつくる過程もコミュニティを育んできたと言えます。地域の子どもたちにも、毎日午後に開放。地域の子育て家庭向けに青空ひろばのようなことも行っています。

（解説・話／松本理寿輝）

② アトリエ・素材庫（マテリアルライブラリー）

創造活動が展開されるアトリエ。
その活動を支え、園外とつながるユニークな素材庫。（小竹向原園）

「手がふざけまわる」——子どもたちが自ら探究しながら気付き、創造活動を広げていくことを、そう例えています。「アトリエ」はそのための環境です。ここには、絵の具や粘土、はさみや筆など、手がふざけまわるのに必要なものを揃えてあります。

また、保育者には、様々な素材があったほうが楽しいだろうという想いがあって、素材の探究もしています。

素材探究の助けとなっているのが、産業廃棄物の中間処理をする会社です。オーナーは「ゴミの寿命を延ばしたい」という考えをもっていて、プラスチックの筒、ゴム片、緩衝材を始め、見たことのないような素材も提供してくれます。例えば、同じプラスチックの筒が20個も並んでいたら、何かが生まれそうな気がしませんか。

“ゴミ”だけれど端材などの新品、「マ

素材庫（マテリアルライブラリー）の外観と庫内の棚

テリアル」と呼んでいます。子どもたちが何に興味をもつかは予測がつきませんから、「素材庫」では、いろいろな素材をなるべくきれいにディスプレイして、子どもたちが手に取りたいと思うような環境構成に努めています。

　保育の力になりたいという企業や人は意外に多くいるものです。園の外の力とつながることによって、ユニークな素材庫となりました。

（解説・話／松本理寿輝）

産廃処理業者が保育に協力とは想像しにくいかもしれません。その協力のおかげで、素材庫には、形も色もとりどりに見たこともない素材がディスプレイされています。意外なつながりが子どもたちの創造活動をさらに豊かにしています

子どもたちはその日の活動を自分で選びます。アトリエでは粘土や絵の具で自由に想いを形にしていきます

③ ギャラリー

「生きる子どもの姿をふんだんに伝える」場所。保護者や園を訪れる地域の人々に、子どもたちの生活の様子が展示されています。（小竹向原園）

ギャラリーの主な目的は、子どもたちの作品や活動記録の展示です。また、地域に開放して、発信できるスペースになったり、子どもの遊びのスペースにも。

日本大学芸術学部の学生が、建築模型の展示に使ったことがありました。その精巧な模型に子どもたちは刺激を受けて、「自分たちのまちをつくるんだ」と盛り上がり、模型を見ながら模造紙に描いたまちが隣に展示されたこともありました。

そもそもギャラリーは、コミュニティの交流や参加を助けるために設けました。子どもたちが、今何に夢中になっているか、どんな取り組みをしているか、保育者も保護者も地域の人も知ることのできる仕掛けです。

ここには、ドキュメンテーションという子どもたちの学びの姿や成長の過程を記した記録を掲示しています。育ちや学びのプロセスを、現場に立ち会っていない人と共有できるように編集したものです。結果ではなく、どのような芽を自ら伸ばそうとしているか、様々な人や事物とのかかわりの中でいかに探究しているかを、しっかりと見つめ、保育を工夫していくことに大きな意味をもちます。

「生きる子どもの姿をふんだんに伝える」——とにかく園で起こっていること、つくったものなどが、ずらりと見られるようになっています。見ていてもとてもおもしろいんですよ。

（解説・話／松本理寿輝）

ギャラリー全景。園の玄関、細長い通路の壁面を利用しています

子どもたちが夢中になっていること、取り組んでいることが、ドキュメンテーションとしてまとめられて掲示されています

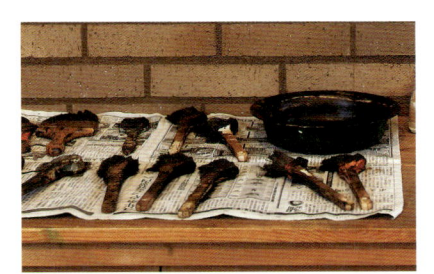

子どもたちが実際に使った刷毛。保育風景のイメージが湧きます

アイデンティティボード。園職員たちを紹介。お気に入りの、その人らしい1枚を持参します

パソコンも常設して動画も視聴することができます

④ カフェ

園の内側でも外側でもない、園と共にある地域の人々のための場所。
ここではいろいろな接点が生まれます。園と地域の人々をつなぐ場所です。

大人気のおいしいパンが並びます

ガラスに手書きの
店名。ひっそりと
した佇まいです

「まちのパーラー」(小竹向原園)

一息つけるカフェでおいしいパンも買える

　園をコミュニティの拠点にしたいとの想いが背景にあります。拠点となれた時に、地域の人が誰でもいつでも来られるように。でも同時に、子どもたちの育ちや学びの環境は穏やかにしておきたい。外からの出入りが多くては環境が保障できません。そこで中間領域的な場として、

カフェの窓から奥に園の様子をうかがえます

カフェを構想しました。

　カフェにしたのは、日本人は無目的・多目的な場を使うのが得意ではないからです。それぞれの時間を過ごしてもらえるようにと考えました。もっと気軽に来ていただけるようにおいしいパンの販売も。

　カフェは、地元で愛されているベーカリーにお声がけをし、お互いの事業にぶら下がることがないよう独立採算で経営してもらっています。

（解説・話／松本理寿輝）

サンドイッチは、左ページ「まちのパーラー／パーラー江古田」の監修。隣のドアは保育園の出入口

「まちの本とサンドイッチ」（六本木園）

本とサンドイッチ。少し不思議な組み合わせ

　園は、子どもたちが毎日生活するおうちのような場所であるのでプライベートを守る必要があり、また、安全性の面も考慮すると、そもそも、あまり外に向かって開かれている空間ではないのです。

　ただ、それだと地域の人とつながることが難しくなります。そこでその点をカバーするために、園と地域をつなげる役割をこのお店が担っています。ここに足を運んでくれたお客さんは、子どもの声で子どもの存在に気付いてくださり、隣に園があることを知ってくれます。反対に、こちらが地域にどんな方がお住まいなのか知ることもできます。

　食は人を広くつないで、本は人を深くつなぐ。ちょっとしたきっかけから仲良くなり、交流が深まったりもします。そういう橋渡しをする境目の場所なのです。

（解説・話／原 綾）

お昼はオフィスや地域住民の方、夕方になると園の保護者と子どもたちが訪れます

東京・下北沢にある書店「B&B」が「生活」と「子ども」をテーマに、選書を担当。その書店のファンが本を探しにくることも

まちの本とサンドイッチ 店長
原 綾
短大卒業後、正社員の保育士として4年間、その後、カフェを日本に広めた第一人者のもとで4年間働く。東日本大震災の時、2か月の子どもを抱えて実感した、「孤育て」感や地域からの疎外感なども、この仕事を選ぶきっかけになった

第1章　暮らしの場をデザインする　解説

秋田喜代美

暮らしの中に多様な人との出会いが生まれる場を

　まちの保育園の特徴の1つはまちと子どもの接点が豊かにあり、まちが子どもにとって学びの環境として機能している開放性があることです。そして、それが「私たちのまち」にある園と家庭とを架橋しているのです。本章では、1日の流れのタイムマネジメント、空間環境のデザイン、様々な人との出会いのあり方、この3点について、私たちが日頃の保育を再度考え、意味付け直すきっかけとなる事例を出してくださっています。

子どもにとっての暮らしの時間

　1日の時間の流れ、期での流れを、大人の側の設定で細切れにしたり、年間行事の練習や準備のために追い立てたりするのではなく、子どもにとっての時間が流れるようにすることを大切にしています。つまり、子どもも自身が自分で選んで夢中になれる活動の時間の保障を「探究の時間」として意識的に捉え、価値付けています。設定の時間に対する自由遊びの時間という認識ではなく、子ども自身の暮らしの時間とは何かを問いながら、その一つひとつの時間の意味を見出していくことが、より豊かな時間の保障になります。

まちと保育室とのインターフェイス

　空きスペースではなくコミュニティスペースとして、子どもがまちの文化や環境と出合う空間を意図的にデザインされ、そこが、まちと子どもが暮らす保育室とのインターフェイスとなっています。子どもは大人やまちの姿を大人が考えている以上によく見ています。地域子育て支援のための空間と確定してしまうのではなく、新たな価値や意味を見付けて多機能にしていくことや、限られた広さだからこそ意味ある空間にしていく逆機能の発想転換から、カフェやパーラー、本屋さんとなり、保護者にとってもまちの人にとっても心地よく、集える場ができました。意味のある文化的な場が子どもの暮らしの傍らにあること、それが、まちの人が園を改めて認知する空間ともなっています。

多様な対話が生まれる場の創造

　保育園を支援しようと様々な素材を提供してもらうことで、素材庫にある豊かな素材がアトリエでの子どもの表現活動や探究的な遊びを保障しています。そして、そこでできた作品やそのプロセスがギャラリーに展示されることで、子どもと子ども、大人と子ども、保護者やまちの大人同士の対話が広がるのです。子ども用の材料を業者から購入し、一律の作品を掲示するのとは一線を画します。多様な素材、多様な人々の支えを得られるよう園が動き、ネットワークすることで、子どもたちの表現を引き出し、鑑賞し、対話が生まれる場がつくられていくと言えるでしょう。

　新たな空間や素材を見出すことが、多様な人との出会いを子どもにも保育者にも保護者にも可能としていく。この窓をあなたの園ではどのように開いておられるでしょうか。特別な日に、特別な人を呼ぶ活動ではなく、暮らしの中に多様な人との出会いがある場を考えることが、暮らしの場のデザインになると思います。

第❷章
子どもたちを育む人々
－職員の役割、保護者との関係性－

地域と共にある園として、園長を始め、すべての職員がそれぞれの役割を担っています。ここでは、園の代表、職員、保護者の3者の視点を通して、園の「人的環境」について紹介します。

1 それぞれの職員の役割

日々の子どもたちの生活を支え育むために、園ではたくさんの職員が働いています。それら職員たちが自ら役割を果たすことで、園がチームとなって機能します。

① 園長の視点から

園で働く職員たちは自分の役割をどのように考えているのでしょうか？
まず、3園の園長を代表して、六本木園・岩井園長先生にお話を伺いました。

保護者をつなげて地域の輪へ

保育園に求められる役割が多様化する中で、この地域にある保育園としての役割は？　開園前に園の周りのまちの中を歩いてみました。タワーマンションが多いこと。子どもが遊んだり、子育て中の親子が自然な形で交流できるような公園が意外と少ないことに気が付きました。「感性豊かな心と体を育みたい」と思う時、子どもたちには心の底から“不思議だな〜”と思えるような実体験がとても大事だと思います。また、隣近所とのつながりが希薄な社会の中で、子育て中の親子が出会う場である園では、「子どもと子ども」「大人と大人」を意図的につなぐ役割があると感じています。

様々な想いや願いをもちながら、『保育』を実践してきました。その中で、保育園や幼稚園に当たり前のようにある、運動会や発表会のような保護者に“見せるための行事”のある意味を考えるようになりました。その行事がなければ保育ができないのか？　何を大切にしたいのか？　「一人ひとりの個性や意欲を大切に」と言いながら、「集団」で皆一緒に練習をして取り組むというのは、一人ひとりの想いに気付けなかったり、心の動きも見えなくなったりする。「できた、できない」で比べられてしまう。

**まちの保育園 六本木 園長
岩井久美子**
東京都三鷹市で38年間公立保育園に勤めた。定年退職後、新渡戸文化短期大学で非常勤講師として乳児保育について教えていた頃、まちの保育園六本木の園長にと声がかかる。六本木園は平成24年12月に開園、現在に至る

保護者同士が仲良くなると、子ども同士も仲良くなり、休日もひろばに集まって遊ぶことも。「つながりがどんどん広がっています」（岩井園長）

　大切にしたいのは、子ども時代の「今」にしかできない『実体験』と、園で出会えた子ども同士、保護者同士をつなぐこと。

　そこで開園当初から「親子で森に行こう！」という取り組みを実践してきています。年数回出かけ、１日目は親子で、２日目は子どもたちだけで、保護者は○○ちゃんのお母さん、お父さんというよりも一人の大人として、森を歩きます。毎回、いつもと違う子どもたちの力を発見したり、感性の素晴らしさに感動したりします。職員も分担して参加します。子どもの感性を豊かに育てるなら、かかわる大人たちも豊かな感性を身に付けることが大事だと思っているからです。

　大人たちの一番の楽しみは、子どもたちが寝た後に開催される「夜のミーティング」。好きな飲み物１本とおつまみを持って集まり、夜中の２時過ぎまで、夢中になって語り合います。この時間がお互いを知り合える、子育てをする仲間になれる、とっておきの時間になっています。

＊　＊　＊

　園で出会えた人たちを大切にする。これが地域とつながるためにも必要なことでした。地域の住民である保護者との信頼関係をしっかりと築くことで、保護者が核になって輪を広げていってくれます。

　もちろん園から発信していくことも必要です。１月には「まちのガーデン」で餅つきをするのですが、保護者から地域の方に声をかけていただいて、自治会の方もお誘いして、たくさんの子どもと大人が集まりました。４臼分20kgのお餅があっという間に完食。地域ぐるみで楽しめる行事になっています。

　こうした機会にご近所の方に園の中も見学していただき、最近は「子どもの声に元気をもらっています」、そんな声がだんだんと増えてきています。顔見知りになって名前まで覚えたら、その子の声をうるさいとは感じなくなりますよね。

　ボランティアで来てくださるおばあちゃんもいらっしゃいます。上階のマンションにお住まいで、月１～２回、お手玉などおもちゃを手づくりしてくれます。その様子を子どもたちが見て、教えてもらって、針仕事がとても上手になり保護者も驚いています。

＊　＊　＊

　地域の子育て家庭に向けて、併設のカフェと連携し、ガーデンで子育てひろばを兼ねた「ランチピクニック」も始めました。子どもを遊ばせランチを食べながら、子育ての話をする時間です。お母さん同士が会話するのがメインで、私はそのつなぎ役であり、いつでも来られる場所があるんだよと安心感を与える役です。

　まちの保育園には、「地域と共に子どもを育てる」という理念があります。今後は、卒園していった子どもや保護者たちも、地域とつながる役割を担ってくれたらと期待しています。

（話／岩井久美子）

② 職員の役割とは？
－職員は自身の役割をどう自覚しているのか－

地域に開かれた園づくりなど、先進的な取り組みが多いまちの保育園。
そこではどのような職員たちが働いているのでしょうか。
今回、小竹向原園と吉祥寺園において、園長・職員が一堂に会して行う
ミーティングを少しのぞかせていただきました。ディスカッションの
様子から、言いたいことを言い合える職場の様子が見えてきました。

書く人がこの子の姿を見てほしい、共有したいと思ったドキュメンテーションを、職員、保護者、地域の人とも共有できるようにしたい。

保護者と子どもの育ちを共有するためのものであるべき。

子どもの力を感じた時、誰かと子どもの育ちを共有するツールになる。

「すごい！」と心を動かされた時に、何がどのようにすごいのか、わかりやすく書くことを心がけている。

様々な角度から「まちの保育園」の理念を考える
(ドキュメンテーションについて、改めて考えてみよう)
－小竹向原園－

子どもたちも、振り返って自分たちの成長を見られるものではないか。

子どもの育ちを残すためのもの。保護者や保育者間でも子どもの育ちを共有できるものだと考えている。

今できていることだけを書き留めるのではなく、その過程での子どもの気付き等も書いておきたい。

目の前の子どもは、今の姿がすべてではないから、自分だけの視点で、「こうだ」と言いきらなくてもよいのではないかと思う。

ドキュメンテーションを通して対話が生まれたり、コミュニケーションにつながったりする。

最初に書いたものからどんどん変化していくことがわかるので、新しい気付きを客観視できるのがよい。

子どもの愛情、信頼関係をつくること。

それぞれのアイデアが尊重される（立場に関係ない）ようにする。

子どもは、鏡のように大人の行動を映すような気がするので、日々、大人の話を聞く大人でありたいと思っている。

子どもも、保護者も、地域の人々も、みんなで温かく迎える。

保護者の協力、参加意識をさらに高めていく。

心地よい場所であるようにすること。

子どもとその親に寄り添いたい！

吉祥寺園は開園2年目。
これまで大切にしてきたこと、
これから対話していきたいこと

－吉祥寺園－

吉祥寺園らしさとはどういうところか。どういう場所にしたいか考える。

本当に疑問に思っていることを聞ける環境づくりを大切に、解決していきたい。

一人くらいうるさいおばちゃんがいてもよいと思っている。やさしさがすべてではないため、時にはやさしく、時には厳しく、伝えることもある。皆で生活するってことを伝えていく。

自由って何？ 個々を尊重するとは？ そんなことを掘り下げてみたい。

子どもの思い、大人の思いに耳を傾ける。

子どもの言葉をしっかりと聞き、心を受け止める。

③ コミュニティ コーディネーターの役割

園と地域を直接つなぐコミュニティコーディネーター。
その役割と、担う人々の素顔を紹介します。

園の受付カウンターにいることも多く、来客
への応対やここで事務仕事もこなします

小竹向原園

これまで、いろいろな立場の人の調整
役になるような仕事に従事してきました。
その経験が小竹向原園で活かせるのでは
ないかと思っています。

**まちの保育園 小竹向原
根岸拓哉**
保育系の編集プロダクシ
ョンや家電輸入、広告会
社で勤務。自宅は園から
徒歩10分、社会人になっ
てから住む小竹向原を愛
する気持ちは人一倍

空いている時間には備品修理も。作業をし
ていると子どもが寄ってきました

六本木というエリア柄、近隣には多くの大使館が。この日はアルゼンチン共和国大使館との交流イベント。フロレンシア・ルイスさん（歌手、作曲家）とスペイン語の歌やダンスで盛り上がりました

六本木園

エリア柄、企業との出会いも多くあります。企業にも園と、子どもとつながる意義を感じてもらえるよう、奮闘中です。

アルゼンチン共和国大使館フェリペ・ガルデラ公使も園を訪問

イベントの最中、本村さんはカメラマンに。写真展を開催した経験ありの腕前

まちの保育園 六本木
本村洸輔
前職はアート系ショップのバイヤー。妻の出産を機に一生に1回の経験を逃すまいと思い、退社。半年間主夫を経験した後、六本木園へ。2児の父

子育て支援「まちのこどもと、おとなのひろば」をコーディネート。参加者のお母さんたちとも気さくに言葉を交わします

吉祥寺園

　国や地域や社会を変えていけるのは、一人の人、1つの組織だという信念から、子どもも市民として歓迎される文化が広がる素地を、ここ吉祥寺園からつくっていきたいです。

子育てひろばの担当職員と打ち合わせ

人手の必要な時には保育を手伝うことも。日頃の子ども、保育者との会話から、新たな地域とのつながりが生まれることも

まちの保育園 吉祥寺　中西信介

元国家公務員。結婚を機に育児や女性の働き方に問題意識をもち、同園松本代表の「地域で子育てをする文化を根付かせる」という考えに共感し、吉祥寺園開園時に入社

地域資源との出会いの調整役。
やっていることは結構泥臭いです

話／まちの保育園 小竹向原・根岸拓哉

　2年前に父親が家業をたたむことになり、僕もあと30年で仕事ができなくなるのかとふと考えた時、大学生の時に興味があった保育の世界にもう一度かかわりたい気持ちが強くなりました。今まで多様な仕事を経験してきましたが、いろいろな立場の人の調整役となる仕事が多かったので、そんな経験が活かせるのではないかと思い、1年前に入社しました。

　コミュニティコーディネーターの主な仕事は、地域資源との出会いを調整することです。地域資源を通して子どもたちが興味のあることをもっと深められないかと探しに行くこともありますし、例えば図書館の方が絵本作家を招いて講演会をしたいという時に場所を提供したり、近くにある日本大学芸術学部の方が子どもとプロジェクトを進めたいという時に相談にのったりします。また、ご家庭との関係性もありますね。パパ会を設定して交流を深めたり、やっていることは結構泥臭かったりします。

　保育とは直接関係ないですが、「こたけぐらし」という町会のパンフレットを作成し、町会員を増やすための親子向けのお祭りの企画もしました。小竹町会は町会員のボリュームゾーンが高齢化してきていますが、それは防災や防犯でマイナス面が多い。その解決は、長期的に見れば子どもたちの環境改善につながるし、大人が楽しくしていれば子どもにもよい影響があります。

　このように地域の課題を解決できるなら、すぐに園や子どもにつながらなかったとしても、率先してやっていこうと思っています。近隣の方が子育てひろばを町内でやりたいという動きがあるので協力したり、学生と町会や幼稚園をつないだり。一見関係なさそうなことでも、結果的に自分たちに返ってきたりするので。

　大学が多いエリアなので、今後は大学との関係も深めていきたいですね。来年（2017年）には武蔵野音楽大学の新校舎も完成しますし。保育業界以外の人とも話をしながらお互い高め合い、実践の場を増やしていけたらよいなと思っています。

主役は子どもと保育士たち。
一歩下がって実現のための
手伝いをします

話／まちの保育園 六本木・本村洸輔

　地域とのつながりにはいろいろな形があります。アルゼンチン共和国大使館の方に園に来てもらって自国の文化を紹介してもらったり、近隣企業の植栽を担当するガーデナーさんと一緒に草花を育てたり、「鳥博士」と散歩して鳥のことを教えてもらったり。

　例えば、「鳥博士」と知り合うきっかけとなったのは園の近くにあるコンサートホール「サントリーホール」でした。この近辺は公園が少ないために、遊べる場所を新たに開拓したいと屋上庭園をもつ同社を訪れた時です。たまたま子どもたちが鳥の鳴き声に興味があるという話になって、自然保護事業に取り組む同社から、日本鳥類保護連盟の方を紹介していただきました。

　六本木というエリア柄、企業との付き合いも多いですが、お互いにメリットがないと継続的に取り組むことは難しいです。相手のメリットってなんだろうとずっと悩んでいました。今考えているのが、"園で企業の研修をやりませんか"という

プラン。育児には、効率よく物事を進めるというマネジメント的な側面がありますし、育児に理解のあるボスを増やすことは企業にとっても重要なポイントです。子どもたちにとっては、若い男性など多様な人格に出会う機会となる。WinWinの関係を創出していきたいです。

　僕は10年以上ボランティアで少年サッカーのコーチをしていたのですが、自分が子どもの頃と比べて、目にキラキラした輝きがなく、大人びた発言をする小学生が増えたことが気になっていました。もっと純粋に日々を楽しんでほしいと思ったことがコミュニティコーディネーターになったきっかけです。

　ただ、僕が前面に出るのはあまりよい状態ではなくて、子どもたちがどんなことに興味をもっているのか、先生たちがやりたいことは何なのかを聞きながら、実現する手伝いをするのがコミュニティコーディネーターの仕事だと思っています。一歩下がって、みんなが輝けるようにしたいですね。

コミュニケーションを積み重ね
人々がもつコンテンツを
つなぎます

話／まちの保育園 吉祥寺・中西信介

コミュニティコーディネーターは、人と人をつなぐことが仕事です。子どもと地域をつなぐというのが一番わかりやすいですが、保護者の方が地域コミュニティに入るきっかけづくりとして、家庭同士をつなぐのも1つだし、働きがいのある職場づくりという意味で職員同士をつなぐこともあります。

つなぐためには積極的に出向いていくことと、じっくり待つことが重要です。子どもたちの生活の様子や、今興味をもっていることを発信し続けることで、徐々に地域の方やご家庭から「こういうおもしろい人がいるから教えてあげるよ」と紹介してもらえます。コンテンツをもっているのは地域や保護者の方々なので、日々の些細なコミュニケーションを積み重ねることを心がけています。

最近では『地域に開かれた保育園』を目指していることが徐々に浸透してきて、地域のほうから「ぜひ、子どもたちとかかわりたい」というお話を多くいただくようになりました。お隣にある小学校と授業の一環として、公園で子どもたち同士が交流する機会をもったり、中学生・高校生にボランティアとして定期的に保育に入ってもらったり。歳の離れた子ども同士が交わることで、いわゆる"斜めの関係"が地域で根付くきっかけになればと思っています。

僕はもともと国家公務員でした。国の仕事はもちろんすごく大事ですが、本当に国や地域や社会を変えるきっかけをつくるのは、現場であり、一人の人、1つの組織だと思います。

この仕事を通して、地域や保護者の方が子育てはもちろん自分の人生も楽しめるようなまちをつくっていきたいですし、子育てや子どもが歓迎される社会、子どもも市民として歓迎される文化をつくりたいと思っています。

まずは、一人でも多くの方に子どもたちと時間を共にすることを味わってほしい。お互いに存在して生きているということを感じるだけで十分に価値のあることだと思うので。

2 園の役割

保育の質向上に向け、保育者が実力を最大限に
発揮できるようにするための、その工夫とは？

① 保育者の実力を引き出すために

園の理念を浸透させるために実行している、
保育者の力を引き出す工夫（仕掛け）を教えていただきます。

保育者一人ひとりが魅力的な個性をもつ有能な存在であり、園にかかすことのできない大切な仲間であること

「一人ひとりの存在そのものをよろこび、互いに育み合うコミュニティを創造する」。これが私たちの園の理念ですが、それは、子どもに限らず大人にも言えることです。保育者は、専門的知識、技術・判断をもって子どもを保育しますが、保育者としてすべきことの前に、まず、保育者がその個を尊重され、自分らしくいること。これは、専門職としての資質を高めることと同じくらいに、あるいはそれ以上に大事なことだと思います。

保育者が、言ってみれば「人としての幅」を広げ、自己充実していることも大切で、園全体がそんなまなざしや心もちで満たされることで、保育者の力が発揮され、チームワークが育つベースがつくられるように感じています。

当園の入口には、「アイデンティティボード」と呼ばれる職員を紹介するための写真を貼り出していますが、それぞれが実に個性豊かです。私はこのような「組織文化」が最も大事だと信じています。

対話で織りなす保育

当園の保育は「対話」から織りなされます。「対話」のテーマは様々ですが、

まちの保育園 代表
松本理寿輝
ナチュラルスマイルジャパン株式会社 代表取締役。3園の認可保育所を運営。子どもを中心に保育士・保護者・地域がつながり合う「まちぐるみの保育」を通して、園が「地域福祉のインフラ」となることを目指している

一番は「子ども」についてです。

　保育者は、日常的に、子どもたちの学びのプロセスを記述した「ドキュメンテーション」をとっています。ここで「とる」という表現をするのは、「作成する」よりもっと簡易的で、即時的なものであるからです。子どもたちの心が動いた瞬間、育ちの姿、かかわりの様子、積み重ねとその結果などを、写真と簡単な文書で記録していきます。これをもとに保育者たちは、「このことどう思う？（子どもにとっての意味）」「おもしろいよね・素晴らしいよね（子どもの個性・有能性）」「活動が発展するアイデアはないか（保育の鍵）」などと語り合うのです。

　対話に「正解・不正解」は求められません。誰の意見・考えも、平等に受け入れられ、穏やかで、リラックスした雰囲気の中で、互いの話からインスピレーションを受け、新たなアイデアや視点が出てくることを楽しみます。担任同士もそうですが、園長であれ、新任の保育者であれ、補助職員であれ、皆が感じたことを話し合います。話が尽きることはありません。そして、その対話を通して得たヒントを、その後の保育につなげていきます。このことは、互いの子ども観や保育観の理解につながり、チームづくりにもつながります。当園では、この「価値観」のすり合わせが何よりも大事だと考えていて、報告ベースの会議よりも、対話の時間が大切にされます。

　この日々の対話は、チーム全体の子ども理解の深さや豊かさにつながり、また、いわゆる保育者の資質向上にも関係してくると感じています。子どもについて、

子どもたちと何やら話し込む松本代表

自分たちについて、時には、これからの社会についてなど、語るのが何より楽しい。対話が、保育を、園の文化を育み、保育者が実力を引き出す大きな鍵となっています。

フラットな組織

　保育者にとってはこの対話を通した現場での学びが最も大切と言ってよいでしょう。熟練者の勘や技能、子育て経験者の感覚、新任の固定観念に捉われないフレッシュな視点。具体的な子どもの姿をもとに、それらが交換されることが、対話する双方の学びにつながります。また、保育者も人間ですから、自分のフィルターを通して、子どもを見つめます。対話を通して、同僚の視点や考えが加わることで、自分にはまだ見えていなかった子どもの側面・可能性が浮かんでくることもあります。このことは、これから経験を積む保育者にはもちろんのこと、熟練者にとっても重要なことです。

　このように、対話は保育にも、保育者の成長にも職場環境の充実にも、後述する保護者との連携にも活きてきますが、その対話が有機的に織りなされるために

は、園全体で皆が参加意識をもち、自らの考えを話しやすい、オープンでクリエイティブな組織文化が大事になります。そのために、チームはヒエラルキー型（縦の関係）よりフラット型（横の関係）のほうが適していると思います。上意下達ではなく、一人ひとりが考える組織です。

園長・副園長は、組織の意思決定や助言をしますが、（経営者も含めて）「上」にいるというよりは、情報が集約される「ネットワークの中心」にいるという考え方がふさわしいと思います。当園の保育は、常に子どもの姿から始まり、コミュニティコーディネーター、栄養、保健などの専門職も含め、蜘蛛の巣状に絡み合った有機的でフラットな組織全体の対話から組み立てられていきます。

一人ひとりに
成長する権利がある

子どもに限らず、保育者一人ひとりに成長する権利があります。そのことへの組織的な配慮は常に求められます。

保育者にとって一番の成長機会は現場にあり、上述のように「対話」を通して、具体的事例から保育を深めることが効果的なOJTとなります。そのことを最も大切なこととしながら、いわゆる「研修」が組み立てられます。

研修には、新任研修や中堅研修、ドキュメンテーション研修など、グループ園全体で企画される研修と、各園の個別的な課題から組み立てられる研修とがあります。また、乳児担当の職員のみが参加するプロジェクトや、園長会、コミュニ

ティコーディネーター会など、同じ役割・立場の職員が集まって互いの課題など話し合う場、その他、保育指針をベースにした研修や、レッジョ・エミリア（イタリア）を中心とした海外研修などが用意されます。

ここで大切なのは、保育者も「心が動いた時に最もよく学ぶ」ということです。自ら能動的にやってみたい、学びたいということはとても大切です。ですので、全体で用意された研修に加えて、自分自身が研究してみたい領域を提案したり、自身の幅を広げるためのマイプロジェクトの導入が現在企画されたりしていますが、それはそういった理由からです。

また、保育を長く自分の仕事としていけるように、個々人の「ワーク・ライフ・バランス」も1つの権利として尊重されます。そのため産休・育休制度や時短勤務制度、介護休暇制度の充実も図られます。

研修等で、万遍なく資質を高めていく人は稀です。今、自分の伸びている芽を大切にしていくこと。チームにおいて互いに、できていることやチャレンジしていることに、温かい目を向けていくこと。自身の心の余裕や仕事への誇り・自信は、他者への関心や貢献意識、責任感にもつながります。チームの結束や、チーム力は、そこから育まれもします。組織全体で、それぞれの立場が、このことを常に意識していることは大切なことだと思います。組織に「完璧」はありませんから、皆で理想とする園について、これからも手をかけ続けて行きたいと思っています。

（文／松本理寿輝）

② 保護者との関係性を 深めるために

保護者とのつながりを深めるために、日頃、どんなことを
念頭においているのか、その考え方を教えていただきます。

保護者も魅力的な 個性のもち主

前節で「一人ひとりの存在そのものを よろこび、互いに育み合うコミュニティ を創造する」という当園の理念を紹介し ました。この考え方は、もちろん保護者 にもあてはまります。保護者もお母さん・ お父さん、○○社の社員などである前に、 魅力的な個性のもち主として迎えられま す。この考えは、保護者との関係性を説 明する時の以下の３つの視点に通底して いるものです。

家庭とのパートナーシップ

パートナーシップという言葉をよく耳 にしますが、これは、園と保護者が連携 して「子ども（の育ち）」を支えること を意味します。次にふれる「家庭のワー ク・ライフ・バランス」が「保護者のた め」であるのに対して、この視点は、「子 どものため」です。子どものために、園 と家庭の生活の連続性の中で密接に連携 していこうとする視点です。

連携のために、「対話」を大切とする姿 勢は、前節と同じですが、専門職と保護 者という立場の違いはありますから、お 互いが大切にしていることを丁寧に共有 することから始める必要があります。そ のためにも、まずは家庭に安心感と期待 感をもって子どもを園に通わせてもらう ことができるように、しっかりと園や保 育のことを話していきます。そして、面 談を通して、保護者の想いや考えを伺い、 保護者の自己決定や子どもへの想い、願 いを尊重し、個人情報にも配慮しながら、 専門的な視点から家庭に寄り添います。 もちろん、保育が始まり具体的なことか ら理解を深めていくことが大事ですが、 この初めのコミュニケーションはとても 大切です。

保育が始まってからは、家庭から、日 常的に子どもや子育ての考え方、家庭で の子どもの様子を聞くことをしながら、 園からは積極的に子どもの育ち・学びの 姿、保育の考え方、その意味について発 信していきます。もちろん、「連絡帳」 は大切な手段ですが、この時、「ドキュ メンテーション」は、具体的なエピソー ドを写真や映像等もあわせて伝えるため、 より伝わることが多く、日常のコミュニ ケーションを助けていきます。

また、日頃は、保護者と園とがゆっく りと語り合う時間をとりにくいことから、 保育「参加」の機会や、保護者会や個人

面談、保護者との対話の時間、学びの会、ママ会・パパ会、その他、様々なイベントなどを一緒に企画し開催するなどしてあらゆる経験を共有しています。

　保護者は園の文化形成における中心的な参加者ですので、できる限り保護者が園の活動に参画しやすいよう意識し、また、機会そのものを多くするよう心がけています。

　保護者が楽しんで参画していることは子どもにも還っていきます。これまで当園の活動は、自分の子どもだけでなく、他の家庭の子どもの成長も一緒になってよろこび合える保護者たちとのかかわりに支えられてきました。園は、まるで大きな家族のようにみんなでみんなの育ち（それは子どもに限らず大人もですが）をよろこび合える、そんな場であるように感じています。

家庭のワーク・ライフ・バランス

　園は「保護者の就労と自己実現を支える社会的使命」を担っています。男女共同参画が進み、共働き家庭の子ども・子育てを「社会的に支える場」であり、かつ、単に家庭保育の支援に限らず、保護者が本来もっている子育てする力の発揮を助ける（エンパワメントの）場であることが私たちには求められています。

　昨今、「ワーク・ライフ・バランス」と言われます。私はこの言葉を、ワーク（仕事）、ライフ（生活〈育児〉）の双方にそれぞれよい影響があるよう一体的なものとして捉えることを意味しているのだと理解しています。育児の充実が仕事につながり、仕事の充実が育児に還っていく。園は、保護者のワーク・ライフ・バランスを支える、よいパートナーでありたいと思います。

　個別の育児相談ももちろん受けますし、保護者がたまにはリフレッシュする助けをすることもあるでしょう。また、園で行った活動や園や地域での出会いが、保護者の仕事や人生の充実につながっていくことがあるかもしれません。保護者も、子育てをしながら、自己充実して、楽しく地域で生活していけるように、園が活かされていくとよいと思っています。

@Donny Grafiks

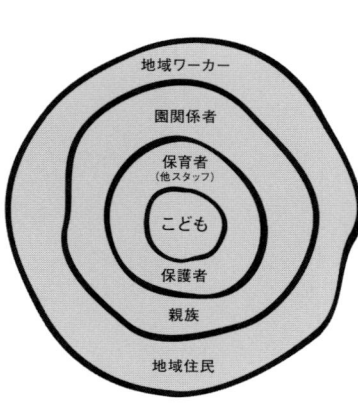

地域ワーカー
園関係者
保育者（他スタッフ）
こども
保護者
親族
地域住民

「コミュニティの年輪」。地域のコミュニティは年輪のようなもの。その中心には「こども」が

子育て支援の集まりの様子。参加した母親とコミュニティコーディネーターが談笑。
何気ない話で盛り上がります

家庭同士の連携

　3つ目の視点として、これは案外、明確に言っているところは少ないように感じますが、「家庭同士の連携」を大切にしています。同じ「子育て」をしている保護者同士であれば、育児の情報交換をしたり、悩みを話し合ったり、様々な面でお互いに「助かる」関係づくりがしやすくなります。また、子どもにとっても保護者同士の仲がよいことは、うれしいことですね。

　家庭同士がつながり合い、お互いの子どものことを知り合う関係は、園の文化づくりにも重要な意味をもちます。「コミュニティの年輪」にあるように、私たち、まちの保育園が育むコミュニティの「年輪の芯」には、「こども」を中心として、保育者、保護者がいます。コミュニティを育んでいくうえでは子どもを中心に保育者と保護者が連携することがベースになりますが、同時に、保護者同士のつながりが大切になると思っています。

　その中で私たちが、家庭同士の連携に

おいて気を配っていることは、「つながり合う距離感はそれぞれでよい」ということです。この「距離感」の尊重は重要です。園や保護者同士、どのようなかかわり方をもつ人も、心地よく園にいられるよう、情報の偏りや置いていかれる人がいないように、気を配っていく必要があります。園として、すべての家庭に公平に想いを向ける姿勢であること、そして、それぞれと対話ができる環境をつくり、あらゆる参加者に間口を広げるためにイベントのバリエーションを増やすことなども配慮しています。

　大人が輝いている、楽しそうにしている社会の子どもはよく育つのではないでしょうか。私たち大人が（子どもと共に）信じられる社会をつくっていく、その過程で子どもは育つ。そのため、家庭との連携・対話を丁寧に重ねていきたいと思っています。私たちは、本当によい出会いに恵まれ、想いのあるたくさんの保育者と共に園の運営ができています。この出会いを心から感謝しています。

（文／松本理寿輝）

3 保護者の声

園に通っている保護者の方は、
まちの保育園にどのような想いを
抱いていらっしゃるのでしょうか？

小竹向原園

●2歳児クラスの女の子　保護者
[日々の生活の中での想い出]
下の子を妊娠中、お腹が大きくなった時に、娘が帰るのを嫌がる時期がありました。普段なら15分で帰れるのに、園から家まで2時間かかったこともありました。疲れ、困っていた時に、先生方、給食室の方、本部スタッフの方、他の保護者の方に声をかけてもらい、救われたことが何度もありました。一人で向かい合うと、追い詰められた気持ちになってしまうこともあるのですが、皆さんの一言で親子共々気持ちが変わり一歩進めました。たくさんの人に育ててもらっているということを実感し、心強かったです。
[理念で共感している点]
子ども自身の中に、伸びる力、育っていく力があると考えている点です。大人が上から何かを教えたり、押し付けたりせず、子どもの力を信じて見守ってくださる先生方の姿勢に、私たちも多くのことを教えていただきました。おかげで私たち親も「待つ」ことができるようになり、娘も自立心旺盛な子どもになったと思います。

●4歳児クラスの男の子　保護者
[日々の生活の中での想い出]
子どもたちが幼虫からアゲハ蝶を育てたエピソードは、まちの保育園らしいものだと思っています。子どもたちでさなぎの餌を調べたり、蝶になった時の花の蜜を準備するために花屋さんに行ったり、週末は交代で各家庭でお世話をしたり。毎朝、さなぎの成長の様子を報告してくれる子どもたちの生き生きした表情は、とても印象に残っています。先生の寄り添いのもと、子どもたちが興味・関心を深めながら、探究していく様子がよく伝わりました。

[理念で共感している点]
『こどもは有能な学び手』という考え方。
・決まった時間割がなく、子どもたちのやりたいこと、興味・関心を重視してその日の過ごし方が決まること。
・給食では、自ら食べられる量を自分でよそうこと。
・先生方が介入しすぎることなく、子どもたちのプロセスを重視してくれていること。
など、普段の生活でも徹底して、『こどもは自ら学ぶ存在である』ということを信じて園の運営を行っていただいていると感じています。子どもたちの主体的な学びから、その後の生活を支える意欲、意思、態度が生まれると私も信じています。

●4歳児クラスの男の子　保護者
[日々の生活の中での想い出]
興味のある虫・石・本・図鑑などを園に持っていけること。そしてそれをお友達に見せたことをうれしそうに教えてくれること。また、土曜保育の時、いつものメンバーで虫を追って全員兄弟のようにコロコロはしゃいでいるところを見ると、本当に楽しそうで、こちらまでうれしくなります。
[理念で共感している点]
地域ぐるみで子どもを育てるという考えがとても共感できます。お店の前で、まちの保育園の子どもや、他の保育園の子どもにあいさつすると、みんな笑顔であいさつしてくれてうれしい。また卒園したお友達も、覚えていてくれて、あいさつや手を振ってくれます。こういったつながりが地域の元気や子どもの防犯対策にもつながっていると思います。

六本木園

●2歳児クラスの男の子　保護者
[日々の生活の中での想い出]
「保育園で栗ご飯食べたよ〜」「かぼちゃのスープだったよ」と給食の話はいつも出てきます。とっても美味しく楽しい時間なのだと思います。お友達や先生の話が出てくることはもちろん、お友達のお母さんやお父さんの話も出てきて、日々いろいろな人を観察して、そして可愛がっていただいているのだと思いました。短時間ですが、送迎時に他のご父兄から子どものエピソードを聞けるのもうれしいです。音楽会はすごく思い出に残っているようで、よくバイオリンを弾く真似をしています。
[理念で共感している点]
子ども一人ひとりの育ち、個性を大切に見つめてくださり、それを存分に発揮させてもらえるのはうれしいです。いつも笑顔で家族のように迎え入れていただけることで、息子もとっても安心して楽しく通園していきます。子どもが生き生きしています。親も幸せで安心感があります。

●3歳児クラスの男の子　保護者
[日々の生活の中での想い出]
2歳の時に、パパが半年間海外へ。イヤイヤ期のピークと重なり、毎朝保育園へ行かないと泣く息子を、半年間ずっと園長先生が玄関外までお迎えに出てくださって、息子がみんなの輪に入れる気分になるまで、事務所で遊んでくださいました。ママも毎日泣きそうでしたが、一緒に乗り越えていただいたと感謝しています。先

生たちがいらっしゃらなければ、一人では受け止めきれなかったと思います。
[理念で共感している点]
今まで教えていただいたことにはすべて共感できています。人間の根っこの一番大切な部分が育つ、この保育園選びが、人生で最初の最重要課題で、後々の人生に大きな影響を及ぼすと思っています。いろいろな保育園を見学しましたが、まちの保育園が人との出会いを大切にされていて、子どもたち一人ひとりの気持ちに寄り添ってくださること、子どもたちの行動にはすべて意味があると尊重してくださること、すべてに感謝しています。

●5歳児クラスの女の子　保護者
[日々の生活の中での想い出]
畑で育てているお花や作物を、毎日帰りに一緒に見ながらお話ししています。自分たちが大切にしているモノ・場所であるという意識が子どもたちの中にあるのだと感じます。トマトやキュウリなど苦手だった野菜も、自分たちで育てたことで、大好きになりました。
[理念で共感している点]
子どもの興味に寄り添い、個々のもっている力を大切にされている点。日常の生活を大切にしてくださっている点。行事がないことを寂しく感じたこともありますが、画一的な練習などに振り回されることなく、個々の関心を引き出していただけることに感謝しています。毎日安心して通い続けられて、娘は園が大好きです。

吉祥寺園

●1歳児クラスの男の子　保護者
[日々の生活の中での想い出]
印象的だった出来事は、慣らし保育でしばらく大泣きだったのに10日目でピタッと泣き止んだこと。私と目が合っていても大丈夫になり、先生との信頼ができた瞬間が見えた気がしました。いつも満たされ「楽しかったー！」という表情で帰ってくるので安心です。
[理念で共感している点]
「日常」を大切にしてくださっている点。先生方もよい意味で「先生たらしむ存在」ではなく、子どもたちと同じ目線で過ごしてくださっている雰囲気がよいです。

●2歳児クラスの男の子　保護者
[日々の生活の中での想い出]
興味が広がっていくこと。知識、体験など積極的に自分もアピールができる人になっているのは園の生活があってこそかと。季節の歌や、懐かしい歌（親にとって）を歌い出したり、鼻唄にのってきてくれること。お迎えに行くと、みんな話し方が一緒なことに（笑）、鏡のように映し合って育つんだなぁ……と。
[理念で共感している点]
対話というキーワード・スタンス。幼少期から身に付けることは、一生の基礎的な強い力になると思います。家庭でも同じ経験をして気持ちをシェアすることを大切にしています。

第2章　子どもたちを育む人々　解説

秋田喜代美

分散化されたリーダーシップをもったフラットな関係

　子どもの周りにいろいろなことをしている大人がいる、その姿を観ること、その人たちに受け止められ支えてもらうこと、その人たちと共に何かをすることが、子どもたちの経験を豊かにしていきます。園の代表や園長、職員、保護者の役割を考える時に、誰か特定の人の声だけが大きくなるのではないフラットな関係。それは、専門的に言えば誰もが自分たちの園、まちをつくり出していくモーションエージェント（行為主体となっている）となる「分散化されたリーダーシップをもつ」ということです。そのために聴き合い、存在を認め合う対話が編み出されています。その中核にあるのが「まちの保育園の理念」であり、それが具体的な人々の関係として見えてくるからこそ「ビジョン」が実現されていきます。

出会いや交わりの連鎖が集い合い、コミュニティを生み出す

　まちの保育園には、単に事務の人、補佐の人という役割の方はおられません。コミュニティコーディネーターは、園の中と外をつなぐ役割の専門家です。そこに、まちの保育園の理念の表れの1つを観ることができます。園がまちの保育園のようになるためには、地域と園のインターフェイスになるのが園の代表や園長だけではなく、そのエキスパートがいること。その人たちもつなぎ手となり、いろいろな出会いや出来事づくりに関与されているのです。

　また保護者も、保護者というだけではなく専門性や得意なこと、魅力をもった人々として捉えられているからこそ、園と家庭だけではなく、家庭同士のパートナーシップが生まれます。そして、そのような出会いの連鎖、交わりの連鎖が集い合い、楽しみ合う役割を保護者も自ら担う子育て支援の場を生み出しています。誰かがやってあげるのではなく、気配りや心配りを互いにし合う、互恵的なきめ細やかな配慮が、コミュニティを生み出していきます。

「つながりの輪」からの園づくり

　コミュニティの年輪（40ページ参照）の中心にいる「こども」の存在。子どもは支えられる存在としてのみ捉えられているのではありません。子どもが自ら伸びようとする姿に力を得、保育者も楽しみながら、その伸びようとする方向を共に考えていくことで、よろこびを得て生き生きと保育をする。そして、それらの姿を見守っていくコミュニティコーディネーターや園の代表、園長がいる。そこに家庭や地域からの信頼は生まれます。つまり、子どもが市民として地域を子どもの眼線で考え、生き生きと遊び暮らすことが、大人たちも共に幸せを感じられる起爆剤になっているのです。

　子どもこそ保育をイノベーションするエージェント。そうした考え方が、まちの保育園のアイデアとパワーを生み出しています。そして目指す理念は同じでも、3園ではそれぞれ地域に根ざした違うよさがあり、そのことをわかり合えている。個を認め合う姿は代表のトップダウンでも職員からのボトムアップだけでもない。それぞれが皆、自分の責任をもったフラットな関係として「つながりの輪」からの園づくりとなっています。

第❸章
子どもたちにとっての「まち」の役割

園と地域が協働して行う保育実践の事例を紹介します。実践は大きく分けて、子ども発（子どもの思いが発端になったもの）と、地域発（地域の思いが発端になったもの）の2パターンがあります。子どもたちは「まち」とのかかわりから様々なことを学びます。子どもたちの学びがどのように発展していったのか紹介します。

（文／まちの保育園）

1

着物のプロジェクト（子ども発）

4歳児クラスの子どもたちが、日頃の身近な経験から着物に
興味をもち始めました。思いを汲み取った保育者と
コミュニティコーディネーターが地域とつなぎます。

着物への興味が広がる

12月のある日、4歳児クラスの子どもたちの中で、七五三の経験や朝のドラマなどから、着物への興味が広がっていました。保育者の話やドキュメンテーションから子どもたちの興味を掴んでいたコミュニティコーディネーターは、地域で親しくさせていただいている陶芸家の方とお話をしている中で、着物に詳しい方とつながり、ご厚意により、子ども用の着物を貸していただけることになりました。

12月25日、クリスマスのお楽しみにと、保育者は様々な布を用意しておきました。子どもたちからは「着物をつくりたい！」という声があがり、着物づくりが始まります。どんなものをつくりたいのか、着物に対して子どもたちがどこまで知っているのかを把握し、活動に移ります。まずは布に絵の具で絵を描くところから。

そして、年が明けました。お正月に着物を着たこともあって、子どもたちの着物への興味は、年が変わっても継続しており、年末に自分たちでつくった着物を実際に着てみることに。

「裾がないなあ〜」

「なんか、布、足りないけど、どうなってるんだっけ？」

と、少し不満げな顔つき。思っていたよりも着物の形が複雑であることに気が付いたようです。

そこで、コミュニティコーディネーターが地域の方からお借りした着物を保育者が紹介し、みんなで見てみることにしました。ここから、子どもたちによる着

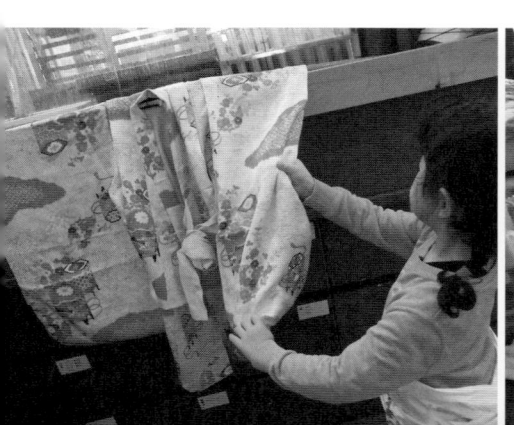

実際に触りながら、着物の形や帯の長さを確かめます

袖を通してみると、わからないことがいっぱい。帯をどう結ぶ？　どこから手が出てくる？

物の探究が本格的に始まります。

　実際に子どもたち同士で着付けをし合い、裾が袋状になっていること、紐を通すところには穴が開いていることなど、着物の特徴をインプットしていきます。

　試着後、すぐに着物制作に移るかと思いきや、じっくりと時間をかけて着物とふれ合い、"本物"と真っ直ぐに向き合うことで、自分の中にイメージをインプットしていたようです。

　インプットのあとは、いよいよ着物制作へ。まずは、着物のデザイン画を描くところから始まりました。形や柄も子どもたち同士で話し合って決めていきます。実際の着物から学んだ経験から、布に穴を開けたり、帯をつくったり。着物の探究は小物づくりにも発展していきました。

草履と足袋もつくってみたい

　「草履と足袋をつくりたい」

　ある子が、家から足袋の型紙を園に持ってきました。子どもたちは素材を選び、型を写しとり、その型に合わせてあっという間に草履・足袋が完成。鼻緒など、細かな部分にまで鮮明なイメージをもち、「足袋を履いてから草履が履けるか」など、

　先に起こることを想像しながら制作を進める姿に子どもたちの成長を感じました。

　その後も髪飾りや扇子などの小物づくりが進みます。

　「髪飾りは頭に付けるものだから丈夫なほうがいいね」

　素材も紙や布だけでなく、日頃制作に取り入れている廃材（18、19ページ参照）も含めて使い分けます。

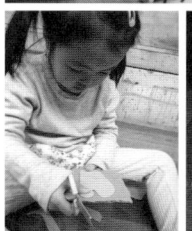
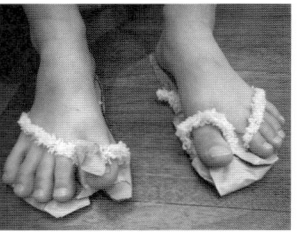

土台をつくって鼻緒を付けて、草履のできあがり

自分たちでつくった着物を着て、
着物を貸してもらった方のもとへ、
お礼を伝えに行きました

自分たちでつくった着物を着て、ポーズをとる子どもたち

手づくり着物でお出かけ

　最後は子どもたち自身がつくった着物を着て、着物を貸してくださった方のところへお返しに行くことになりました。園を出て、手づくりの着物を着て出かけていく子どもたち。コミュニティコーディネーターもついて行きます。

　子どもたち自らが手づくりの着物を見せて、着物を貸してくださったことへのお礼を伝えたことで、とてもよろこんで

いただけました。

　この着物の探究は1か月にも及びましたが、日々の生活の中での出会いや経験をつぶさにインプットし、自らの興味・関心を深めていく子どもたちの姿を、保育者を始め、園長、コミュニティコーディネーターなど園の関係者が見守り、そして、地域の方が支えてくださったプロジェクトでした。

2 [六本木園] ガーデナーさんとの プロジェクト（地域発）

大都会のまちの一角、近くの空き地を借りて「まちのガーデン」を つくりました。すべてが手づくりの庭。したいことは多いけれど、 どうしてよいものかと悩んでいたところ……。

小さな庭 「まちのガーデン」をつくろう

出会いは３年前、コミュニティガーデン 「まちのガーデン」（17ページ参照） の整備を始めていた頃に遡ります。当時 の「まちのガーデン」は砂場の整備をや っと始めたところで、まだまだ砂利と砂 場を掘って出てきた瓦礫に溢れていまし た。実際に子どもたちが使い始めるため に、ここに緑を増やしたい。

園長、保育者、コミュニティコーディ ネーターは考えていました。畑がつくれ たら、お花が増やせたら……。そして、 そこにせっかくであれば地域の庭づくり に詳しい方にかかわっていただけたらな およいだろう。

そこで、園が入っているビルの管理会 社のご担当の方に、相談してみました。 すると、時を同じくして、地域の植栽を 担当しているガーデナーさんから、子ど もたちと何か活動をしたいと相談があっ たというのです。この偶然に職員もよろ こび、早速、出会いの場がもたれました。 お話を伺ってみると、ガーデナーさんは

イベント的なかかわりではなく、子ども たちと日常の中で、長期的にかかわりた いというご意向をおもちで、私たちの想 いとも共通しており、スムーズに話は進 みます。そして、子どもたちとの定期的 な取り組みがスタートしました。

ここでは、2016年の活動を紹介します （7月現在の内容です）。

[4月] 種について学ぶ

ガーデナーさんが小さな種から大きい 種まで、様々な種を持ってきてくださり、 皆で種について学びました。

おもしろい話に子どもたちは興味津々。 植物への興味が一気に広がりました。

地域の植栽を担当しているガーデナーさんと子ども たち。最初は種について学びました

ガーデナーさんと子どもとのかかわりは、植物を育てるだけではありません

[5月] 朝顔の種を一人ひとりのポットに植える

この日は朝顔の種を植えました。事前に本や紙芝居で朝顔についてはみんなで理解を深めました。

みんなで1つのものをということではなく、一人ひとりのマイポットで朝顔を育てられるということで、子どもたちにも責任感が芽生えたようです（同時期に、まちのガーデンでは畑で夏野菜を育て始め、畑での学びが朝顔の活動に、朝顔の活動での学びが夏野菜づくりに、それぞれ活かされていきます）。

[6月] ポットからプランターに植え替える

畑の活動からのつながりもあり、作業はとてもスムーズ。土づくりから子どもたちと行いました。「（土づくりをしっかりすると）朝顔もふかふかの布団（土）に寝られて、元気に育つね」。

[7月] 肥料をあげて、ツルのお手入れをする

順調に成長している朝顔にこの日は肥料をあげました。しっかりと真っすぐ伸びるようツルのお手入れも体験します。

かぼちゃの葉っぱを傘がわりに

プランターに季節の植物を植えていきます。これらが「まちのガーデン」を飾ります

子どもたちに強い責任感や団結力も

　ガーデナーさんとの調整は、保育者の想いや子どもの様子を伝えつつ、コミュニティコーディネーターが中心となって行っています。お互いに無理のない範囲で、続けていくことを大切に。

　基本的には幼児クラスを中心に活動をしていますが、どうやら女の子よりも男の子のほうが園芸に興味をもつ子が多く、まちのガーデンでの泥遊びもそこそこに、率先して手入れをしています。

　また、日々のお世話はグループごとの当番制にしました。グループ名も子どもたち同士で会議をして決定。

　このグループでの活動を通して、強い責任感や団結力、子ども同士で話し合い、解決する力が育まれており、0〜2歳の乳児にとっても、少し年上の幼児のお兄さん・お姉さんが大切に植物を育てている様子を見て、よい学びの機会になっているようです。

　何か興味をもったことに対して、探究し、学びを深めるという経験、また、そ

れを支えてくださる方との出会いは、子どもたちにとっての財産になります。ガーデナーさんとのかかわりはそろそろ3年になり、卒園式にも出席していただけるようになりました。このような身近な地域での出会いに感謝し、この関係を大切にしていきたいと思います。

一人ひとりの植木鉢。鉢の側面もにぎやかに

3 ［吉祥寺園］
土づくりのプロジェクト（地域発）

保護者の方の紹介からつながった地域の市民団体との堆肥づくり。
生ゴミの有効活用で、園の屋上にある小さな畑の存在感が
日々大きくなっています。

屋上で野菜を

吉祥寺園の屋上にある小さな畑で、子どもたちが夏野菜を植える時期が近付いていた頃、保護者の方がコミュニティコーディネーターに「タイヒバン」という近所の飲食店を紹介してくださいました。「とてもおもしろいお店で、子どもや地域とのかかわりを大切にされているので、きっと、まちの保育園とも親和性が高いですよ」と。ちなみに、「タイヒバン」は、牛糞などを堆肥にするための施設である"堆肥盤"が店名の由来だそうです。

早速、コミュニティコーディネーターが直接足を運び、子どもたちとの交流について相談したところ、快く受け入れて

絵本で生ゴミの循環について学びます

くださいました。

この話を保育者と共有し、「どのように子どもとの出会いをもっと有意義か」と相談したところ、屋上でつくろうと考えていた「野菜づくり」に堆肥をつなげることになりました。園を代表して5歳児クラスの子どもたちが「タイヒバン」に出かけて行きました。山のように積まれた堆肥に大興奮。お店のオーナーは牛糞から堆肥がつくられる過程を丁寧に説明してくださいました。

お店で入手した堆肥を使った野菜はとてもうまく育ち豊作に。この体験を通して、土づくり、野菜づくりに子どもたちの興味は広がっていきました。

＊　＊　＊

この取り組みは5歳児クラスのものでしたが、この取り組みはここだけでは終わらず、その後、下のクラスの子どもたちにも思わぬ広がりを見せることになります。

地域の方との出会い

5歳児クラスの子どもたちがもらってきた堆肥で夏野菜が育っていた頃、保護者の方から、また新たな方を紹介いただ

堆肥にする生ゴミは、家から持参したゴミに園のキッチンのゴミを加えます。堆肥づくりのために「クリーンむさしの」さんが来園

きました。地域で「ゴミ発生の少ない街」「きれいな街」をモットーに活動している「クリーンむさしのを推進する会」（以下、クリーンむさしの）という市民団体です。

早速、お話を伺ってみると、生ゴミから堆肥をつくるプロジェクトを行っており、園や小学校と連携していきたいが、なかなか受け入れてくれるところがなかったそうです。

もちろん、私たちは大歓迎です。「ぜひ、一緒にやらせてください！」とプロジェクトが決まり、今回の堆肥づくりは、5歳児クラスがもらってきた堆肥で野菜づくりに興味をもっていた、4歳児クラスが中心となって行うことになりました。

まずは子どもたちと、野菜づくりの経験について振り返りを行います。

野菜づくりには、日光、水、土が大事な役割を担っていること。美味しい野菜ができたのは、5歳児クラスが「タイヒバン」で手に入れた堆肥のお陰ではないかと子どもたちは考えました。

この振り返りを経て、4歳児クラスは自分たちの手で堆肥をつくってみることになりました。

園長先生に貸してもらった絵本を読み、生ゴミについて皆で調べてみます。

土の中には微生物が住んでいて、生ゴミを食べて分解してくれることで栄養のあるよい土ができることを知った子どもたちは、「生ゴミを家から持ってこよう！」「保育園の給食からも生ゴミは出るよね。もらいに行こう！」と大盛り上がり。

また、「遠足のしおりみたいなものがほしい！」という子どもたちの声から、みんなで学んだ"土ができるまでの過程"をわかりやすく絵にしたものを、保育者がしおりにしました。

こうして、子どもたちの興味は日を追

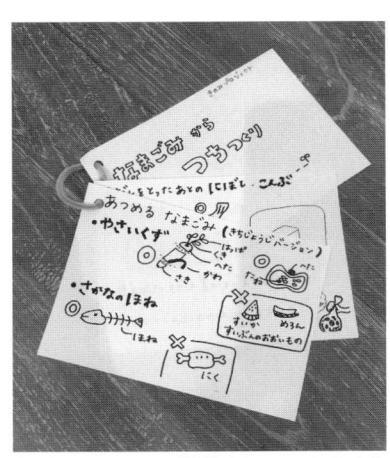

土ができるまでの過程をわかりやすく絵にした手づくりのしおり

集めた生ゴミをたたいてつぶし（左）、土と生ゴミを合わせます（中央）。そして、草を上に載せ、ビニールで包んで発酵させて堆肥をつくります（右）

うごとに高まり、朝の会の中でも、家に帰っても、土づくりの話が出るなど、毎日ワクワクして待っていました。

そして、土づくりの当日を迎え、「クリーンむさしの」から8名の方が園に来てくださいました。説明を聞いて、子どもたちは、「臭い！　臭い！」と言いながらも、手で触って、生ゴミと土をしっかりと混ぜていました。土づくりに興味津々だった子どもたちは、ゴミの循環の話を「クリーンむさしの」の方に説明するほどです。いくつかの工程を経て、最後は生ゴミを混ぜた土に草で蓋をして、ビニール袋で包み、初日の作業は終了。3日後には、大量の糸状菌が発生して、土の中に入れたはずの生ゴミは、ほとんどなくなっていました。また、発酵が進んでいる土はほんのり温かく、「わあ

〜！」「あったか〜い」という歓声もあがりました。見事、大成功。だんだんと生ゴミが分解されて、土になっていく様子を観察することができました。

堆肥ができたら

その後、約1か月の熟成を経て、栄養たっぷりの土が完成。現在は、育てたい野菜を決めて、その野菜を育てるためにどんなものが必要かを話し合いながら、種や苗を手に入れられる場所を考えています。

「お母さんに聞いてみよう！」「お散歩して歩いていたらわかるかもしれない」と提案する子もいたりと、子どもたちの興味は広がり続けています。

3日後、ビニールをあけると、生ゴミがなくなり、ニオイもしません

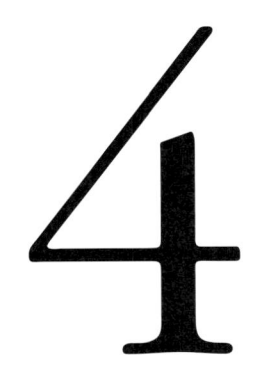

4 ［小竹向原園］
町会との連携、子育て世帯と地域をつなぐプロジェクト（地域発）

園と町会が一緒になって地元のまちを盛り上げることで、様々な相乗効果が生まれます。園が担える新たな役割の一端が見えてきます。

町会のオフィシャル広報誌を

昨今、地域交流の希薄化や、世代交流の断絶が言われていますが、私たち、まちの保育園 小竹向原のある練馬区小竹町も、同じように若い世代の町会への加入がなかなか進まず、加入率の低下が課題になっていました。保育園はたくさんの地域の子育て中の保護者の方が毎日通われる場所であり、また、子育て世帯を横につなげやすいという性質があります。何か力になれるのではないでしょうか。

町会長さんとディスカッションを重ねた結果、町会をもっと知ってもらうため、町会のオフィシャル広報誌をつくることになりました。しかし、ただ広報誌をつくるだけでは、ターゲットの若い世代にはなかなか伝わりません。「若手を中心に、小竹町の素敵な部分がさらに伝わるような広報誌をつくりましょう！」とボランティアを呼びかけることにしました。

募集方法は町会の掲示板にボランティア募集の手づくりチラシを貼るという、極めてアナログな方法でしたが、子育て中のお母さんから、まちづくりのお仕事をされている方、コピーライター、地域の喫茶店の店主、地元の大学生……など、約10名の方が名乗り出てくださいました。

いよいよ、広報誌づくりのプロジェクトがスタート。「住んでいる人に聞きました！ 小竹町の魅力」「町会に関する素朴な疑問」「住民のつくる、小竹町のお散歩マップ」。実際に住んでいる人が集まると、どこを取材するか、どのコンテンツを盛り込むかで悩むほど、溢れるようにアイデアが出てきます。実際に町内の取材や撮影も手分けして行いました。途中、間に合わないのでは……と焦ったりもしましたが、構想から半年、無事に広報誌は完成。日頃お世話になっている地域の方々、町会の方々にもよろこんで

みんなで地図を見ながら、掲載したいスポットをディスカッションします

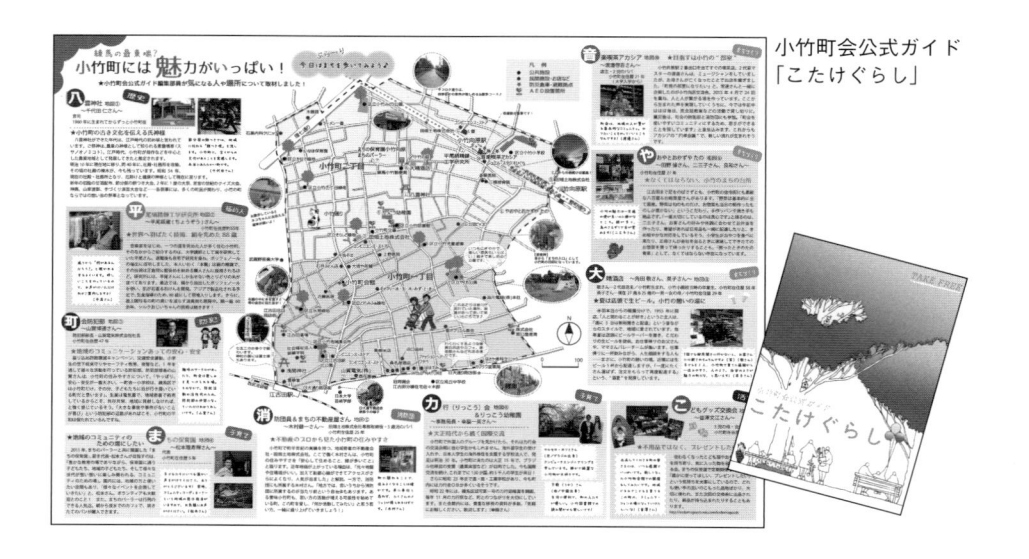

小竹町会公式ガイド
「こたけぐらし」

いただけました。

　また、私たちにとっても、新たな発見、出会いがたくさんあり、とてもよい機会となりました。

「こたけあそび」の誕生

　こうして、広報誌は無事に完成したのですが、しばらくして、また新たなチャレンジがやってきました。

　「この広報誌をどうやって広めようか」。広めるためのイベントをみんなで考えることにしました。

　小竹向原園のコミュニティコーディネーターも加わります。ディスカッションのヒントにしたのは「London play」（地域の道路を1日歩行者天国として、遊び場づくりや、ロンドンの自然が残っている地域を探してコミュニティと共に遊びの空間を創出している活動）。小竹町でも、まちで遊べる場所を広げたい、子どもも大人も楽しめるイベントにしたいという想いから、“こどもとおとなでつく

るおまつり「こたけあそび」”が生まれました。

　早速、前回広報誌づくりに参加いただいた方に加えて、またボランティアを募集しました。ご連絡をくださった方は7名ほど。そこから、その方のつながりや、広報誌ボランティアの方のつながり、コミュニティコーディネーターのネットワークで、どんどんと輪が広がっていきました。

　あまり準備をする時間もなく、また、

[第1回 こたけあそび　企画内容]

- ・近隣店舗にもご協力をいただいた
　飲食コーナー

- ・地域住民による、ワークショップ
　体験コーナー
　（ペーパークラフト、楽器づくりetc.）

- ・コマ回しなど、むかしあそびのコーナー

- ・地域住民による、ミニライブ

- ・まちを知るコーナー
　（まちのクイズ、まちの地図づくり）

- ・広報誌＆町会加入案内コーナー

①空き缶を使った、子どもが楽しめるワークショップ　②チョークで絵を描こう　③まちのパーラー（保育園横のカフェ）も出店しています　④町会女性部の方々にご協力をいただいた豚汁

初めての開催だったため、準備は非常に慌ただしいものでしたが、なんとか開催当日に間に合いました。園の職員も手伝い、子どもたちも集まってくれ、たった1日の開催、かつ、天候も悪い12月という悪条件でしたが、のべ300〜400名の方が集まってくださいました。

　準備は大変でしたが、精力的に活動してくださったボランティアの方々には感謝でいっぱいです。

保育との相乗効果も

　こうした活動に、コミュニティコーディネーターが率先してかかわることで、園にはどのような広がりがあるのでしょうか。まず、近隣の幼稚園を始め、日常ではなかなかかかわることができていなかった地域の方々とのつながりをもつことができ、コミュニティコーディネーターの地域ネットワークがより豊かなものになりました。また、職員にとってもお祭りへの参加を通して、様々な出会いが

神社を借りて開催しました

ありました。こうした出会いが、近隣の大学生がワークショップをしに来てくれるなど、保育の場面でも積極的に活かされています。

　また、地域にとっても、よい広がりがありました。この原稿をまとめている2016年8月のこの時期、まさに「こたけあそび」第2回の準備をしているのですが、2016年からは、町会の青少年部管轄の公式行事になりました。また、地域の大きな行事の1つである音楽祭とも、連携をしていきたいという話が出ています。

　子どもたちの作品を展示する。園での子どもたちの制作を体験できるコーナーをつくる。

　小中高校生をもっと巻き込んでいきたい。もっともっとたくさんの方に来ていただきたい……。

　構想はどんどんとふくらんでいきますが、始まったばかりの、"こどもとおとなでつくるおまつり「こたけあそび」"を、じっくりと育てていきたいと思っています。

第3章　子どもたちにとっての「まち」の役割　解説

秋田喜代美

子どもたちが表現者として文化を生み出していく

　地域は物理的な空間だけではありません。地域には、地域の人々が大事にしている文化があります。地域の陶芸家の方から着物に詳しい方へ、そしてその方にお借りした着物に園でふれるところから、子どもたちの想いは広がります。着物のデザインから草履や足袋づくりへ、それを観てもらいに地域の方へという流れは、決して地域の文化に学ぶだけではなく、そこから次の文化の担い手である子どもたちが、園の遊びや暮らしの中で、表現者として文化をまた生み出そうとしている動きを観ることができます。

出会いの連鎖の中で子どもも保育者も育っていく

　まちのガーデナーさんとのプロジェクトでも、まさに想いを念じれば実る——。そこでは土づくりから始まり、出会いの連鎖の中で幼児はもちろん、乳児をも巻き込んでいきました。ガーデナーさんは今や園にとっては不可欠なまちの人になっておられ、この出会いが3年も続いてきています。卒園式へも出席されるようになるという、子どもたちにとってイベント的ではない長いお付き合いが、ガーデナーさんの仕事や専門性にふれていく機会にもなっています。

　まちの人のおかげで、さらに子どもも保育者も育っていく連鎖が生まれているのです。

園が、探究へとつなげるプロジェクトの場となる

　土づくりのプロジェクトでは、コミュニティコーディネーターが保護者からのつながりを学びの機会へとつなげています。子どもたちの暮らしの中で身近な生ゴミから、堆肥、土づくりへつながる道筋は、子どもたちにとって忘れられない変化です。同時に、土は人が育つ根っこです。栽培は、どの園でも行われていますが、それがどのように人の出会いを豊かにしているのでしょうか。まち、そしてまちの中にある園が、探究へとつなげるプロジェクトの場になっていく姿が、本章から見えてきます。

子どもたちにとって愛着のある、かけがえのない暮らしの場に

　町会との連携での広報誌プロジェクトでは、まちの文化や人が園にやってくるだけではなく、園が広報誌発信の拠点となり、そこにいろいろな人々が集い、まちをつないでいっています。そして、「こたけあそび」というお祭りが生まれました。お祭りは、地域の文化づくりです。子どもも大人もその輪に参画すると同時に、近隣の幼稚園や青少年部ともつながる姿は、園がまちの文化づくりの拠点であることを認識させてくれます。

　そこには、コミュニティコーディネーターと同時に様々な大人たちが一緒に楽しみながら参画し、自分たちの歩みを広報誌という形にすることで、それまでの特定の人との出会いから、さらにまちに住む多くの人を巻き込んでいく軌跡を読み取ることができます。

　園が子どもをあずかる閉じられた場から、まちの人々との出会いによって生まれる文化形成の拠点になった時、子どもにとっての「まち」の役割は、まさに愛着のある、かけがえのない暮らしの場になるのではないでしょうか。

第4章　座談会 ①
地域と園の
あり方を探る

地域に開かれ、地域と共にあることを理想に掲げる園があります。そのような園の園長は、日々、どのようなことを考え、実践しているのでしょうか。お話を伺います。

長年、地域とのつながりを大切にし、理想の形を模索しながら
保育を営んできた3園の先生方にお集まりいただきました。
同じ志をもつ者同士ですが、秋田喜代美先生のコーディネートで、
共通点や相違点、三者三様の姿が見えてきました。

座談会に参加された方々

しぜんの国保育園
齋藤紘良先生

社会福祉法人東香会　しぜんの国保育園　園長／作曲家。「里山文化」を体現するプログラムと、芸術と自然そして食を基盤とした保育実践を行っている。また、saitocnoレーベルやチルドレン・ミュージック・バンドCO INN、季刊誌『BALLAD』などをプロデュース

まちの保育園
松本理寿輝先生

まちの保育園　代表・ナチュラルスマイルジャパン株式会社　代表取締役。3園の認可保育所を運営。子どもを中心に保育士・保護者・地域がつながり合う「まちぐるみの保育」を通して、園が既存の枠組みを超えた「地域福祉のインフラ」となることを目指している

コーディネーター
秋田喜代美先生

東京大学大学院教育学研究科　教授・同附属発達保育実践政策学センターセンター長。世界授業研究学会（WALS）副会長、内閣府子ども・子育て会議委員、厚生労働省社会保障審議会児童部会保育専門委員会副委員長。専門は保育学、発達心理学、教育心理学、教師教育

多摩川保育園
妹尾正教先生

社会福祉法人仁慈保幼園理事長・多摩川保育園園長。仁慈保幼園園長を13年間務める。それまでの保育方針を変え、「子ども主体の協同的学び」へとシフトし職員と共に探求し、実践を重ねる。平成26年度より、東京都大田区民営化園「多摩川保育園」園長に就任

①園から見た地域とは？

秋田喜代美先生（以下、秋田）：ここでは「地域と園」の関係性について意見交換できればと考えています。地域といってピンとこない場合、園のある周辺、いわゆる「まち」や「むら」といった距離感で考えてもらえればと思います。

　では、初めに、みなさんの園がまちとどのようにかかわっているのか教えてください。

松本理寿輝先生（以下、松本）：私は、保育における「まち」には2つの視点があると考えています。1つは、子どもの学びや育ちに地域の資源を活かすという視点。もう1つは、園自体がまちづくりの拠点になるという視点です。

　1つ目の視点の具体例は、園の活動を通して鳥に興味をもった子がいれば、鳥に詳しい地域の方を園にお招きして一緒に活動するといったものです。1つの深い経験は、その他の経験の深まりにも影響しますから、地域のプロフェッショナルに伴走いただき、保育者が専門的な配慮をしながら子どもの興味・関心を深めるという活動につながります。

　2つ目のまちづくりの視点で言えば、園には保護者がほぼ毎日通って来てくださいます。その点、若い世代のネットワークを育みやすい性質をもっていると言えます。今、地域の高齢者と若い世代との交流断絶が社会問題化する中、園がこの性質を活かし、主に高齢者の方々が組織している自治会や町会との間の橋渡し役になれれば、地域が一体的につながり合える可能性が出てきます。

　私たちは、例えば、町会などと共に、子どもと大人でつくる「まちのお祭り」を企画・実施しています（56ページ参照）。その活動を行うことによって、地域に町会のオープンなイメージが広がったようで、最近では、地域のお母さん方が町会に直接相談し、町会の一室を借りて子育てひろばを立ち上げようと準備を進めているといった話も聞こえてきます。

　また、毎年町会が開催している「文化祭」に若い世代を呼び込むためにはどうしたらよいかと、町会から相談をもちかけられることもあり、「まち」が一体的につながり合える環境になりつつあるように感じています。

妹尾正教先生（以下、妹尾）：最近、「まちづくりの拠点」という言葉をよく聞きます。私は当初、実際にどのようにしたらよいのかなかなかイメージが湧きませんでした。松本先生は、いつ、どのようにそのアイデアが湧いてきたのですか？

松本：私の場合、最初は「子どものために地域の資源を活かす」という視点から始まりました。しかし、地域の方々と出会う中で、地域の共存関係がしっかり育まれていないと拠点づくりはうまくいかないと感じました。

　地域と園とがつながり合うことが有意義だと地域に浸透させ、地域に受け入れ

てもらうために、最初は、園と地域の個人、1対1の関係を育てようと考えたのですが、これがなかなか難しい。そして、もう少し広いくくりの考え方が必要だと気が付きました。

うまく進み出したのは、園が「まちづくりのお手伝いをします」と宣言してからです。行事の時だけつながるというよりは、日常的に園を訪れてもらい、日々交流する。そのうち、お互いの距離が近くなり、協力の依頼がしやすくなりました。今では、地域ぐるみの付き合いが本当に楽しいです。

妹尾：生活をつくっていくイメージですね。

松本：地域の生活の中に園が溶け込んでいき、訪れる人々が園で新たな時間を見付けると、来ることが楽しみになっていきます。ここでの発見は、自分が住む地域の中で園以外の好きな場所を見付けられることにもつながっていく気がします。

② 子どもにとっての地域とは？

秋田：子どもにとって、そのまちが私たちのまちになっていくことがとても大事だと思うのです。それを実感できた事例はありましたか？

松本：当園では「子どもが地域でどう生きているか」「子どもがどうあるか」ということを大事にしています。

先ほど申し上げた「まちのお祭り」では、子どもも大人に混じって打ち合わせから参加して、いろいろなアイデアを出します。子どもの発想で考えられた縁日を大人が「おもしろい」と受け入れ、実現してくれる環境があるので、子どももどんどん発信していけます。子どもをコミュニティの一員として受け入れていく空気がまち全体に漂っている気がしています。

そんなこともあって子どもたちは、カエルを捕まえるならどこに行けばよいかなど、まちのどこにどんなものがあるのかを知っているのみならず、虫に詳しい人は誰なのかなど、まちの人たちの様子も驚くほどよく知っています。大人が素材を提供するよりも、それら地域資源を素材として、子ども自身がいろいろ組み合わせて見出していくことのほうが多いかもしれません。

齋藤紘良先生（以下、齋藤）：昔、まちの駄菓子屋さんは子どもにとってすごく大事な場所でしたよね。駄菓子屋さんに行けば何かしら情報を得られた。知らないおばちゃんやおじちゃんが僕らを知っていて、声をかけられたりもした。そうやってまちとつながっていた。何か小さな事件が起きると、そこから世界が広がっていったものです。

秋田：子どもの視線で見るものには、大人が発想する価値とはまた違う価値がありますよね。これがすごくよいなと思っています。まちの公園や遊び場のことは、大人よりも子どものほうが専門家ですか

らね。

妹尾：これからは園が駄菓子屋さん的なポジションを担っていくのかもしれませんね。

③ 身近な地域や広い社会（世の中）と園がつながるために

妹尾：「まちづくりの拠点」とは、以前から行政側が使う言葉としてありました。でも、そのために行うことといえば、その場の「イベント」だけ、みたいなものになりがちでした。

私は保育畑の人間なので、まず、子どもの育ちから考えました。子どもが生きるためには、他人から与えられるのではなく、自分で掴むことが何よりも大事であるという視点です。ここを踏まえなが

多摩川保育園　妹尾正教先生

ら、まず、子どもの興味・関心を起点として、社会や自然、生活にふれることからのスタートでした。

例えば、オリンピックイヤーには、子どもたちも世界各国のアスリートを目にする機会が多く、自然と世界に興味が広がっていきます。その興味・関心をさらに広げてあげることはできないかと、保育者と保護者が話し合い、まず、食や文化をテーマにしたイベントのようなものを開きました。インドであればインドカレーをつくりました。食べ方や食文化については、すべて保護者にレクチャーしてもらいました。すると、自前のサリーを持っている保護者がそれを身につけながら、食べ方を教えてくれたりもしました。その様子を見て、後日、自分でサリーをつくり出す子もいれば、本格的なインドカレーをつくりたいと言い出す子も出てきて。そこで、近所にあるインド人が経営するレストランに話をもちかけたら、スパイスを分けてくれ、それらを使ってカレーをつくることができました。

お礼にと、子どもたちがつくったカレーをお店に持って行ったところ、また、カレーをごちそうになって。

日々の生活を通して、地域のいろいろな人たちとふれ合っていく。「社会や文化の中で育つ」というのが保育の原点ですが、思えば、このように子どもと大人をつないでいくことが「まちづくりの拠点」への1つの実践の形だった気がしています。

齋藤：「食」は、生きるうえで大切ですし、食を絡めると和やかに話せる気がします。

松本：オリンピックイヤーの事例でもそうですが、妹尾先生の園は、子どもたちの興味・関心を引き出す環境づくりが素晴らしいと感じます。子どもたちの興味・関心へのマッチングはどのように工夫されているのですか？

妹尾：先ほどふれましたが、子どもが、社会や自然などにつながっていくことが大事だと考えています。子どもは子どもなりに社会を見ています。オリンピックにだって、子どもなりに何らかの関心は寄せています。保育者は、クラスに社会的な情報をどのようにもち込み接点をもっていくのか、よく考えなければなりません。

最初は、目の前の保育で精一杯という保育者も多いので、保育者の見識を広げるためにと、私から、社会と接点をもつきっかけをつくったりしていましたが、今はしていません。確かに今の保育者は忙しいけれど、自分たちは何を目指して

いかなければならないのか、しっかり整理することも大事です。社会の一員として、また、人として生きていくうえで、社会や自然とどうかかわるのかを考える。園を外から見る視点が大切ですね。

秋田：外に出ていくからこそ、一番価値のあることは何かが見えると。そういう感覚をみんながもつためには何が必要だとお考えですか。

妹尾：先ほど、かつての駄菓子屋さんの

役割について話題になりましたが、その点から言えば、子どもの目線を忘れないことでしょうか。

子どもの目線に戻るためには、自分自身の幼少期の記憶に頼るところはあります。大人の視点をもち合わせながら自らの経験に照らして、子どもたちには、世界がどのように見えているのだろうか、また、何が必要とされているのかと考えてみること。人は誰もがそういう経験をもっていますから、なんとなくですが、見えてくるはずです。

④ 地域の大人が果たす役割

齋藤：私は実家がお寺ということもあり、幼い頃から、いろいろな方がお寺の境内を行き交っていた様子を覚えています。特にかっこよく感じたのは庭師さんです。目の前で大きなはさみなどの道具を巧みに使う姿に憧れました。

実体験の中で子どもへの影響力が一番大きいのが、大人への憧れだと思います。私はそこから自分の生きる力や、もっとこうしたいというイメージが広がっていったし、そもそも、憧れがあったからこそ、大人になりたいという思いが生まれました。

そこで、地域の中で園がどのような存在になっていくとよいか考えてみると、まずすべきことは、今までにあった保育園像を少し違った角度、例えば、斜めヨコのいつもとずれた位置から見直してみることかなと思います。保育園の役割に

単一的な基準を当てはめないようにする。

一例を挙げると、「子どもをあずかる施設」という役割を一度解体してみて、「子どもと大人のむら」とか、「困ったことをみんなで解決する場」などと定義し直してみること。つまり、標準を外れる発想です。そんなノン・スタンダードな場としての園では、子どもの興味がいろいろな方向に広がっていきます。そこを地域の方にどういう協力をしてもらい、どんな園をつくり上げていくか。これが、これからの自分の仕事だと思っています。

当園は、35年続いた園舎を、3年前に建て替えました。新園舎には"スモール・ビレッジ"（小さなむら）という名前を付けました。このむらに集まってくる人は、村民も村長も、旅人もいる。私の幼少期の記憶のように、いろいろな方々が行き交うなかで、子どもたちが大人に憧れを

もち、「自分もああなってみたい」「あの人はあんなすごいことを、どうやっているのかな」などと探究してほしいという願いからそうしました。

よく、「生きる力」を育むと言われますが、「生きる力」を育むための決まった手法があるわけではありません。それは、「自分でイメージを創っていく力」のことなのだと私は思っています。憧れを実現させるにはどういう方法があるのか、あの人のようになるにはどうすればよいのか。園が、「子どものイメージを創る源泉」になれるとよいですね。

子どもには大人が何かに四苦八苦する姿、もっと言うと、生き様を見せたいのです。子どもにとってその姿は、疑似体験＝物語につながります。そのイメージがあれば、社会に出た時、なりたい自分になるためにあらゆることに思い切りトライできる気がします。

保育園が子どもだけでなく大人にも気付きを与えられる場所になれば、園の役割はぐっと広がります。子どもが通い、守られるだけの場所ではなく、地域コミュニティの中で特徴的な存在になってい

くことで、真の開かれた場所になるのではないでしょうか。

妹尾：大人が真剣に生きている姿を見せることは大事ですよね。子どもの原風景になっていきますから。

秋田：よいですよね。今、東京大学のキャンパス内にも保育所が7園もあるのです。立地の制約から、そこだけ隔離された施設のようになっています。子どもと大人が身近にいてお互いにいろいろなことが学び合える、そういう場所になるとさらによいと考えています。

齋藤：何かあれば子どもも大人に聞けるし、大人も子どもに聞けるという相互関係をつくっていきたいですね。いろいろな世代が自由に行き交うむらをつくるために、現在の課題は、地域の小学生をどう取り込んでいくかです。新園舎の建て替え後も倉庫として旧園舎を残すことにしました。これからどう使っていくか、夢が広がっているところです。

⑤ 共存のための共有 ～競争から共創へ～

秋田：地域と園の関係で言えば、自園だけがよければよいわけではないですよね。自園の強みを活かすだけでなく、地域の中の園として必要なことは何だとお考えですか。松本先生は、アライアンスのようなものを考えているそうですね。

松本：はい、「まちの保育園アライアンス」というものです。想いのある何人かの大人たちで子どもの行動を見ていくと、子どものいろいろな可能性や様々な側面が見えてきます。それと同様に、私たちの法人が見ていること、実践しているこ

ととと同じ理念で別の法人が実践してみることで、私たちが気付かなかった豊かな実践が生まれるかもしれません。そういう意味で、共に学び合うパートナーをつくっていきたいと思っています。アライアンスを組んでネットワーク化し、各地域で実践を共有するのも目的の1つです。

例えば、同じ年齢の子どもを担当している職員同士が集まって学びの会を開催したり、コミュニティコーディネーターが集まり、その地域の実践を共有したりする。同じ理念を見つめているからこそ共に学ぶことで、参考になる事例や実践の工夫がたくさんあるはずです。

さらには、運営者が予算をどのように使えば、園にコミュニティコーディネーターを配置できるのか。どうすればゆとりある保育者配置を実現できるのかといった運営上の工夫も「共有」できるでしょう。ある意味、保育界はオープン・ソースです。競争して生き残るということではなくて、共に創る「共創」関係をつくっていきたいのです。気付いたことは、どんどんシェアしていく。子どものためによいことだと気付いたら、共有して学び合っていく。これが他の産業と大きく違う部分だと思います。バーチャルではなく、リアリティの共有ですね。

妹尾：同感ですね。実践を通してしか語り合えない、わかり合えない部分があるので、そういうネットワークでつながっていくことはすごく大事だと思います。

秋田：自園だけを意識するよりも、むしろ開いてつないでいくことが、逆に強み

になるということですよね。

妹尾：自園で抱えて他には見せない、教えないというのはあまり意味がない。結局、私たちがやっているのは子どものためですから、シェアして「おもしろい！」となっていけばよいのですよね。

松本：豊かな実践とか子どもの理解の深さとか、アセスメントはこれからみんなで明文化していく必要があるでしょう。でも今大事なのは、そこに行き着くための前提条件の整備だと思います。今後の地域コミュニティはどうなるのか、子どもにどう育ってほしいのか。また、育ちをどう伝えていくのか。これらをどのように捉え、よい方法をシェアしていけるかだと思います。

妹尾：先ほど齋藤先生から、「生きる力」を育てる決まった手法があるかのようになってしまっていないかという話がありましたが、閉塞感は、まさに、手法への

しぜんの国保育園　齋藤紘良先生

思い込みから生まれているようにも感じます。どこかに「正解があるはずだ」と思い込んでいる人たちが、最近とても多い気がしています。自分たちで探究し、掘り下げるのではなくて、「どこかにあるはず」と思い込んでその手法を探している。

1980年〜90年代にスウェーデン政府は、教育を大改革しました。そのきっかけは、「何かが足りない」ということだったそうです。80年代と言えば、スウェーデンでレッジョ・エミリアが紹介された頃で、スウェーデン国内でレッジョ詣でが起こりました。どこも最初は、やり方に目がいくんですよね。

でも、ローリス・マラグッツィは「イタリアに学ぶな」と言ったそうです。要するに、自国の文化や背景、歴史がある中で、子どもと向き合って考えていくのはあなたたちだというわけです。地域も歴史や文化も違うのだから、それぞれの実態に合わせて、お互いの志向をインスパイアしていこうということなのでしょう。

私は、地域と園のつながりを意識した保育実践を約15年前から取り組んできましたが、松本先生や齋藤先生のような方が出てきて、明らかにこれまでとは様相が変わってきたと感じています。ようやく動き始めたということです。とはいえ、私たちはまだまだマイノリティですが。

でも、同質でないからこそおもしろいということはありますよね。

秋田：そうですよ。インスパイアされるものをそれぞれがもっているのがよいのです。同じじゃないからおもしろい。

妹尾：「生きる力」を決められた手法として捉えてしまうと、いろいろな話が変わってきてしまいます。それぞれが知恵を絞りながら、「そういう考え方もあるのか」と刺激を受けながらやっていくのが実践者です。とても創造的な仕事です。

⑥ 人と人との距離感をデザインするために

齋藤：私は、先ほども話題にあがりました「共有」に興味があります。

今年から「むらの語り合い」という、お酒を飲みながら保護者と気軽に意見交換する座談会を始めました。語り合う中で何かが生まれてくるワクワク感を共有しながら、みんなで「それいいね！」というものをたくさんつくっていきたいと思っています。

以前このような会で、「学び」や「子ども」ということを前面に押し出し過ぎて失敗したことがありました。保育を熱く語れば語るほど逃げていく方もいらして。直接的にではなく、結果的に子どもの話になっていたという方法を見付けたいです。最近はこれを見付けることを自分のテーマにしています。

以前、保護者や地域の方と話をしていた時、「学び」と「開く」を合わせた「まなびらき」という言葉を思い付きました。

これは「共有」を言い換えたものです。理想はそういうイメージです。

秋田：人と人との間に何かを介在させると、自分をストレートに出さなくてもよいから話しやすくなります。野菜づくりや織物づくりなどを一緒に行えば、共につくり出す感覚も味わえますよね。フラットな関係がつくりやすくなる点で、何か楽しみを生むものを介することはとても大事ですね。

　また私は保育の専門家であり、言い換えれば「遊びの専門家」ですので、遊びからいろいろなことがつながっていく楽しさは知っています。しかし、最近では人と人との良好な関係性について考える場合、まず研修ということになり、何かと「学び」に目が向けられがちです。ただ、やはりそれだけでは人との関係性は開かれないという思いが私自身にはあります。「まち」や「むら」での関係のように遊びやゆとり、間合いのある関係がないと、一体感をもってうまくつながらない気がしますね。

齋藤：私は松本先生の園のように、コミュニティコーディネーターが、まずは大人同士がおもしろいと感じることを行ってお互いの関係性の土台をつくり、その次の段階で、中心に子どもを置いてさらにおもしろいことをみんなで目指していくという方法が、すごく自然だと思いました。

　私は、保育者や地域の方と話す際、世界のアニメーションのDVDをたくさん持って行きます。チェコやロシア、ハンガ

まちの保育園　松本理寿輝先生

リーなど、みんなで日本とは異なる文化圏の作品を観てみると、「向こうの子どもたちはこんなものを観るんだ」と、みんなおもしろがってくれます。話題の中心は子どもにかかわることだけれど、その場にいる人がみんな、自分自身の発見にもつなげている。ここでは学ばなくてはいけないという強制力は働いていません。例えば、こういう場づくりが大事なのだと感じます。

松本：私もその点、「心が動く」ことを大事にしています。何ごとも「こうやってあげるべきではないのか」という話になると、一気におもしろくなくなってしまいます。

　そこで、心を動かしやすくする仕掛けを考えました。それは、基本的に言い出しっぺと進行役は違ってもよいというものです。「保育園の中でこういうことをやったらおもしろくないですか」という保護者からの提案は大歓迎です。どんどん意見を出してもらい、コミュニティコ

ーディネーターがそれらにその都度対応します。もちろん、叶うことと叶わないことがあります。

一緒に映画を観たり、食事をしたり、みんなで文化を育もうとするきっかけがあれば、保護者も園の活動に参加しやすいですよね。そこで、「親子で園舎の大きな窓ガラスの一部を完璧にきれいにしましょう」といった日をつくったりもしています。ここでは、小汗をかいて、達成感がありそうな仕事をあえてつくります。いろいろな人が休み休み作業をして、お茶やビールを飲みながら、参加者同士が無理なく関係を育んでいけたらよいなと思っています。

園にはいろいろな想いの方がいます。それぞれがそれぞれの距離感でかかわっていけるよう、コミュニティコーディネーターが距離感の設計には特に気を配っています。

⑦ どう始めるのか?

秋田：最後に、皆さんのように地域とのつながりを大切にしながら保育を営んでいきたい、でも、始め方がわからないという方々に、アドバイスをお願いします。

齋藤：私は園を先代から引き継ぎました。同じような境遇の方がいらっしゃると思います。

その立場から言えることは、まず、どういう環境、関係性の中で引き継いだのかを分析すべきだということです。満を持して保育にかかわるのか、どうしても家業を継げと言われて別の仕事を辞めて継いだのか……。決断した時の自分としっかりと向き合い、保育に心が動いた瞬間を見出す、これが第一歩だと思います。同時に、自分が本当にやりたかったことにも向き合いながら、その2つをどう結び付けていくかを考えます。

誰にでも必ず自分が熱中した瞬間があるはずです。その瞬間こそが、その人がもつ最大の生きる知恵がつまった瞬間であり、子どもにも魅力的に映る重要な発信源だと思っています。僕の場合は、音楽などの表現活動でした。保育界だけで園づくりを考えると、むしろ地域は遠ざかります。保育と「何か」を、重ねてい

秋田喜代美先生

くことから、地域や社会に対して園を開いていくための自分なりの方法がわかるのではないでしょうか。

松本：まずは、園の職員一人ひとりが「こういうことができたら素敵だな」ということを、何の制約もなしに考えてみます。次に、それをみんなでシェアする場をつくる。できない理由は言わないで、みんなで受け入れる場を設けます。そこからできそうなことを1つだけ選んで実際にやってみる。

　スモールステップから始めてみてはいかがでしょうか。園にかかわるすべての職員が参加してやってみると、これまでには気付かなかったいろいろな視点が見えてきます。アイデア豊富な仲間に感動したり、園の可能性を感じたり。何かできそうな気がしてきますよ。

妹尾：私は、かつて何事もトップダウンで進めてしまっていた反省も込めて。当園の場合、まず保育士ができない理由を探すことが多かったですね。でも、私には、「動いてみないとわからないのに」という思いがありました。実際に動いてみたら、「思ったよりも楽しい」ということがたくさんあるんです。ですから、「まず1歩動いてみることで、見える風景は変わる」とお伝えしたいです。

　ただ、トップダウンでやってしまうと、当然ながら孤立します。孤立すると誰も話を聞いてくれないから、1人で抱えてやらなきゃいけない。これでは上意下達であり、完全にチームワークの仕事ではなくなってしまうわけです。そうならな

いためにも、「コミュニケーションが大事だ」とことあるごとに口に出してみることも大切ですね。

松本：園がまちのコミュニティの中心にある。そして、園ならではの対話の文化が地域全体に染み出て広がっていく。そんなイメージかもしれないですね。

秋田：まちの中にいる子どもにとって、身近な大人が魅力的に見える。だからこそ、子どもにとっても「私たちのまち」ができ、園が暮らしの場になる。その原体験がまちへの愛着を生み出し、まちの原風景をつくり出すと思います。まちは物理的な空間だけでなく、楽しい出来事や憧れの人々が共に傍らにいる場です。

　子どもたちにとっても大人たちにとっても、その風土こそが「まち」を拡張し、人の参画を生み、絆をつくっていくと思います。そんなイメージが、今日のお話を伺いながら浮かびました。本日は本当にありがとうございました。

＊2016年6月フレーベル館本社にて開催

第5章　座談会②

園にとって「まち」とは？
「まち」にとって園とは？

－育ちの希望が生まれる場－

園と地域のつながりをテーマに、いくつもの具体的な取り組みを紹介しました。それらを踏まえて、今後、園が地域で担うべき役割について考えます。

まとめに代えて

第5章では、東京大学大学院の遠藤利彦先生にも加わっていただき、
秋田喜代美先生、松本理寿輝先生のお三方に、
これからの園と地域の関係についてお話しいただきました。

座談会に参加された方々

左から

秋田喜代美先生

遠藤利彦先生

東京大学大学院 教授・同附属発達
保育実践政策学センター 副センタ
ー長。専門は発達心理学、感情心
理学。赤ちゃん学会常任理事

松本理寿輝先生

「まちの保育園」は、本来の人間らしい子育て「現代版集団共同型子育て」の場

秋田喜代美先生（以下、秋田）：「まちの保
育園」は、通常の保育の枠を超え、園と
地域がつながるための実践をされている
場です。遠藤先生はどう見られましたか。

遠藤利彦先生（以下、遠藤）：そうですね。
私自身、保育園に通っていた頃の先生の

記憶が今でもすごくリアルに残っています。今日初めてこの園を訪れ、この園で育った子どもたちは先生の記憶はもちろん、この園の空間がもつ独特の空気感も含めて将来思い出すのだろうなという印象を受けました。子どもが親世代になったら、また自分の子にもこのような空気感を体験させてあげたいと世代を超えたサイクルができるかもしれないですね。

私の専門の話をすると、最近、元来の子育てについての議論があります。人間の赤ちゃんは、例えばゴリラの赤ちゃんと比べて重くて未熟な状態で生まれてきます。そんな重いのに、か弱い存在を育てる親の負担は重く、親だけで育児することは基本的に無理で、人間は昔から「集団共同型子育て」をしてきたと言われています。それに比べて現代の子育ては非常に不自然。人間本来の子育てを今の世の中に取り戻すためには、園をコアとした地域ぐるみの子育てがポイントになってくるのだけれど、「まちの保育園」はまさにその先駆的な存在。地域の人を巻き込みながら「現代版集団共同型子育て」を発信しています。これに触発される人が出てきて、このような子育て支援の輪が広がれば、人間本来の子育てに原点回帰できるのではないかと思いました。

また、最近の子育て支援では、支援を受ける側が受身だという問題がありますが、「集団共同型子育て」では助け合うという関係性が重要です。保育園を中心にした地域で、ギブアンドテイクの連帯が生まれるとよいですね。よい連帯は、親に自分で子どもを育てるという自立の意識ももたらします。「連帯」「自立」の

感情がコミュニティの中で自然に出てくることが理想だと思います。

松本理寿輝先生（以下、松本）：はい、支援とはインタラクティブなものです。保護者の「できないこと」に手を差し伸べるのではなく、保護者はもともと力をもっているのだから、保護者の想いを日々聞いて励まし、寄り添って、その力を引き出していくことが大事です。また、保護者が自己実現・自己充実できる場として園を利用してもらいたいとも考えています。親が自分らしく人生を充実させていると、子ども

遠藤利彦先生

も伸びやかに力を発揮できるはずですから。

私たちは保育園の活動の他に、若い人たちを巻き込んだ地域のまちおこしにコーディネーターとして加わっています。まちおこしには園の一部の保護者も参加していて、その会議に子どもも連れてきています。私たちがそこで感じるのは、自分のキャリアや夢を実現できる場所ができると、まずお母さんの表情がすごく変わることです。そして、子どもの様子が変わり、さらに会議の発想も変わってくるんです。子どもが目の前にいると、「この子にとってよい地域とはなんだろう」と考えざるを得なくなりますから。

子どもがまちを変えていく、子ども自身がまさにエージェント

秋田：子どもこそが社会やまちを変革するエージェント（主体）ですね。まちのイノベーションは子どもを中心にしてしか動かない！

秋田喜代美先生

　園は異質な人とのインターフェイスをどうつくるかが重要です。子どもをあずかって安全に管理するという閉じた場ではなく、いろいろな世代が集う場所として、構造的に開かれた形にならないと。遠藤先生がおっしゃる、「世代間」や「生涯」という大きなライフサイクルをつくり出す基点も、もしかしたら園にあるのかもしれません。保育をイノベーションして、その社会での質や価値を変えていけるとよいなと思います。

遠藤：英語で「other-oriented hope」という言葉があります。あの子にこうなってほしいという、他者を応援する気持ちを示す言葉です。今までではどちらかというと、大人が「子どもの面倒を見る・保護する」という考えが強かったかと思いますが、「子どもを応援する」という気持ちをもつと、人は変わります。例えば、子どもがジャングルジムに挑戦する姿を見ていると、周囲も「頑張れ！」と熱い気持ちになれる。このように他者を応援する気持ちは、自らのハッピーにもつながるのです。

　子どもの頑張っている様子が地域の人の目にふれれば、地域がハッピーになれるということです。ハッピーは健康に生きる秘訣でもありますから、あらゆる世代にとってとても大切なことなんです。そういう雰囲気が地域に生まれてくると、もっと子どもとかかわりたいという気持ちにもつながるでしょうね。

子どもの世界にふれると、大人の幸せの感受性が高まる

松本：そこは私も大切にしたいと考えるところです。倉橋惣三先生の『育ての心』にもありますが、「育ての心は、本来人間みんながもっている」というのとすごく似ていて、応援したい気持ちはみんながもっている。ただ、それなのに、その気持ちに蓋をしている人もいる。私たちの仕事は、様々なかかわりの機会をつくって、心の蓋を1つひとつ取り除いていくことのような気がしているんです。

　ある陶芸家の方の本に、「陶片はある意味で完器よりも美しい」という言葉がありました。子どもたちのおもしろさもまさにそこにあって、陶片から想像する美しさのように、1つのところから無限にふくらむ可能性を秘めています。例えば昨日、園で飼っていたセミが死んだんです。ある子が死んだセミを持っていたら、友達に「（生きたチョウは触れない

のに）死んじゃったセミなら持てるんだね」と言われて、「違うよ、昨日まで生きていたセミだよ」と言い返した。つまり子どもの中では、死んでいるものと昨日まで生きていたものとの間には、はっきりとした違いがないかもしれない。このセミは死んでいるのではなくて、昨日まで生きていたものなんだと。

このような話を地域で出会った方に伝えると、おもしろがってもらえる。子どもの世界にふれると、大人の幸せの感受性がだんだん高まるような気がします。

秋田：子どもがいると、大人がやさしくなれますね。それはわが子でなくても同じです。大人が忘れてしまっていたり効率性のために見えなくなってしまったりしていることを、子どもは新しい価値やものの見方で示しますから。

遠藤：そうですね。また、地域の人たちは子どもだけでなく親の成長も応援してほしいです。今は若い世代に対する負の言葉が目に付くけれど、親のことも応援する温かい視線が地域にできれば。人の幸せを見極める目を地域社会に根付かせられたら、これはすごいことです。園が核になって、地域の感情的な文化がうまく培われていくとよいですね。

松本：本当にそうですね。「子どもが育つ」「人が豊かに生きる」には、対象に対する想いが欠かせません。経済的豊かさや社会的地位を超えて、自分が何に価値を置くかに気付いてもらうためにも、園にできることがありそうです。

「まちの保育園」は、うれしいことに地域の方から「保育園がオープンでいてくれるから、まちが明るくなった」と言っていただくことがあります。理想的な子どもの環境づくりは、理想的な社会づくりと同じだと考えているので、これからも地域で出会った人たちと目を見て対話をしながら、そういう社会をつくっていきたいと思います。

松本理寿輝先生

秋田：「神は細部に宿る」と言われるけれど、人のつながりをどのようなコンセプトで具体的につくるかが大きな意味をもっているのでしょう。この頃私は「ワクワク感が大事」ということをよく言うのですが、「ワク」には着想が「湧く」、困惑や当惑の「惑」、楽しい「ワクワク」の意味があって、楽しいことだけではなく困っていることも含めて語り合い、支え合える関係です。そういう感情がうまく分かち合えるとよいですね。

同時に、理想は1つではないということも感じます。その地域の人や文化によって園の目指す方向は違ってくるはず。マニュアル化するのではなく、その地域らしさを育んでいく場としての園のあり方を考えなくては。今日はお2人から、園と地域の新しい方向性を伺えてありがたかったです。

＊2016年9月小竹向原園「まちの間」にて開催

おわりに

　若い代表の熱い志と園の理念に共鳴して、その園で働きたいという保育者が集まり、また様々な経歴の園長先生やコミュニティコーディネーターが誕生しています。松本先生は大学2年生の時、児童養護施設でのご自身のボランティア経験をもとに、自身の理想の園づくりを求めて、企業での仕事を経て園を創業されました。その理念に共鳴した人たちの「まちのアライアンス」も生まれています。それはネットワークとなって、事例を共有したり研修をしようとしたりされています。そうした理念と、それを具体的に実現するためのシステムをつくるための、いろいろなアイデアがこの本の中には書かれています。

* 　* 　*

　松本先生は、理念とそれを具現化する智慧の創出にリーダーシップを発揮されると同時に、一方では彼自身がいろいろな方との出会いを楽しみながら、子どもや保育者、保護者、まちの人の声を聴き、園の中の様々な出来事を一緒につくろうとされています。それがフラットな関係を生み出しており、誰もがそこでの主人公となり、リーダーシップをもって動き出せるエージェントになる機会をつくっています。

　今、日本では園長や施設長の世代交代が起きています。また待機児童対策で新設される園が数多くあり、新たな挑戦が求められています。そのような時に、経営を安定させるマネジメント力は大事です。しかしそれだけではなく、これから

の時代に求められる各地域に応じた園の姿や、保育とまちやむらの人・文化・ものとをつなぐインターフェイスとなる姿を皆に見せるリーダーシップが大事になってくるでしょう。

* 　* 　*

　ワクワク感をもち、着想が湧く。時に困惑や当惑が生まれながらも、一緒に子どものことでワクワクできる——そうした感情の渦が生まれる園には、よいサイクルが循環し始めています。それは、園の先生方の力量と同時に、意欲を高め、同僚性や信頼を生む関係性です。これは、個人の資質向上や同僚性を声高に叫んでも変わりません。大事なことは、保育の専門家としての活動を充実させること。専門家らしい仕事がうまく回るようにしていくことだと思います。

　子どもたちの探究的活動を通して可能性に喜びを感じるからこそ、様々な事例の対話が生まれます。自らを新しくしていくために、いろいろなまちの人がもつ資源を利用しながら、挑戦をし、ネットワークを拡張していくことが、保育者集団としての力量や着想を引き出し合い、育て合う園の構造をつくっていくのだと思います。

　教師や教育改革の研究を長年してきたアンディ・ハーグリーブス教授とマイケル・フラン教授は、保育者の資質（個人資本）、同僚との関係（社会関係資本）のためには、専門家らしい仕事（専門家資本）が大事と述べています(※)。そして、この専門家らしい仕事が停滞せず、うま

くサイクルになって機能するからこそ、他の資本も伸びることを「専門家資本」という言葉で指摘しています。

* * *

「まちの園になっていく」ということは、園の中の保育をおろそかにして園外に目を向けることでも、地域イベントを増やすことでもありません。保育者それぞれがもっている「得意」を伸ばし、専門家としての実践の幅を広げ、様々な出会いによってそれを拡張していく。そうしたネットワークをつくっていくことなのだろうと思います。

もちろんそこには、園内外のネットワーキングが求められます。子どもと共に、そして保護者と共に──。豊かなまちづくり、それ自体が研修から研究へ、園としての探究を生み出していく。これが、まさにまちの園に「なっていく」園づくりなのではないかと思います。

そして、園の代表や園長先生がよい友達、仲間をもつことが、さらに輪を広げていくと、本書は伝えてくれています。こうした輪が、どの団体に所属しているのか、どの施設制度なのかといった枠を超えて広がり、つながり合っていくことが可能になるとよいと思います。

* * *

私や遠藤先生が所属する、東京大学大学院教育学研究科附属発達保育実践政策学センターでは、子ども・保護者・保育者、社会の幸せを追求し、保育を通した社会のイノベーションと文化を創造する調査研究を行っています。ヒトとしての始まりの乳幼児期に光をもっともっと当て、子どもの「これまで、今、これから」を様々な人がネットワークを組んで（コラボして）探求する「子ＬＡＢＯ」（子どもたちのための研究所）としての協働と探究の活動とプラットフォーム──これがまさしく、保育が社会をイノベーションしていく鍵になると考えています。

今回は、そうした園とのネットワークによる文化形成の第一歩として、松本先生やまちの保育園に学ばせていただき、本書を協働で上梓させていただきました。園、自治体、保護者、研究者だけではなく、地域の学校の先生や企業や行政など、様々な人がまち育てやまちづくりのための対話の始まりに、この本を手に取ってくださったらうれしい限りです。

しかし、これはまだ始まりにすぎません。いつかこのコンセプトブックがあまねく地域に広がり、それぞれのまちで、その地域の人や文化を大事にしていく新たな取り組みが生まれることを期待しています。園の文化が、子どもの文化をつくり、そして園がまちをつくる。育ちの希望が生まれる場として、まさに園を中核としたまちづくりが、日本の社会の新たな姿となって生み出されていくことを心から願っています。

2016年11月　秋田喜代美

（※）Hargreaves,A.,& Fullan,M.(2012)
Professional Capital : Transforming
Teaching in Every School.Routledge.

[編著者]

秋田 喜代美（あきた きよみ）

東京大学大学院教育学研究科 教授
同附属発達保育実践政策学センター センター長
1957年大阪府生まれ。世界授業研究学会（WALS）副会長。内閣府子ども・子育て会議委員。厚生労働省社会保障審議会児童部会保育専門委員会副委員長。専門は、保育学、発達心理学、教育心理学、教師教育。著書に、『くらしの素顔－保育の場の子どもたち－』（フレーベル館 2011）、『あらゆる学問は保育につながる』『保育学講座1 保育学とは』（東京大学出版会 監修著2016）など多数。

松本 理寿輝（まつもと りずき）

まちの保育園 代表
ナチュラルスマイルジャパン株式会社 代表取締役
1980年生まれ。一橋大学商学部商学科卒業。2010年4月ナチュラルスマイルジャパンを創業。3園の認可保育所を運営。子どもを中心に保育士・保護者・地域がつながり合う「まちぐるみの保育」を通して、人間性の土台を築く乳幼児期によい出会いと豊かな経験を提供し、保育園が既存の枠組みを超えた「地域福祉のインフラ」となることを目指している。

まちの保育園（まちの ほいくえん）

東京都練馬区・小竹向原、東京都港区・六本木一丁目、東京都武蔵野市・吉祥寺にある保育園（2016年11月現在）。「こども主体のまちぐるみの保育」を理念に、それぞれの園があるまちの特性を保育に活かし、より地域と共にある園になるための取り組みを行っている。2017年4月に、初めての認定こども園「まちのこども園 代々木上原」の開園を控えている。

[協力]（50音順）

遠藤利彦（えんどう としひこ）

東京大学大学院教育学研究科 教授
同附属発達保育実践政策学センター 副センター長

齋藤紘良（さいとう こうりょう）

社会福祉法人東香会 しぜんの国保育園 園長

妹尾正教（せのお まさのり）

社会福祉法人仁慈保幼園 理事長
多摩川保育園 園長

[表紙イラスト]
山本和久（Donny Grafiks）

[写真・取材]
渡辺 悟（取材：第1章 p10-23、第2章 p26-27）
（写真：p6-7、第1章、第2章 p26-27、p30-35、P37、p41、第3章 扉、第4章 扉、第5章）

[文]
岡庭 希（まちの保育園／第3章 事例）

[写真]
まちの保育園（第2章 扉、p28-29、p42、第3章 事例）
フレーベル館（第2章 p36、第4章 p60-70）

保育ナビブック

私たちのまちの園になる
―地域と共にある園をつくる―

2016年11月20日　初版第1刷発行
2017年1月26日　初版第2刷発行

編著者　秋田喜代美　松本理寿輝　まちの保育園
発行者　飯田聡彦
発行所　株式会社フレーベル館
　　　　〒113-8611 東京都文京区本駒込6-14-9
電　話　営業：03-5395-6613　編集：03-5395-6604
振　替　00190-2-19640
印刷所　株式会社リーブルテック

表紙・本文デザイン　blueJam inc.（茂木弘一郎）

©AKITA Kiyomi, MATSUMOTO Rizuki, MACHINO HOIKUEN 2016
禁無断転載・複写　Printed in Japan
ISBN978-4-577-81406-2　NDC376
80p／26×18cm

乱丁・落丁本はお取替えいたします。
フレーベル館のホームページ
http://www.froebel-kan.co.jp